红色基因 鄂电传承

中共国网湖北省电力有限公司党校 编

内 容 提 要

本书是一部深刻挖掘并传承湖北省电力行业红色基因的力作。通过丰富的历史资料和生动的叙事手法，展现了从革命战争年代至今，湖北电力人如何坚守初心、勇于担当，为国家电力事业和能源安全作出巨大贡献。全书共五章，分别为厚植红色热土、追溯红色记忆、建设红色江山、擦亮红色品牌、赓续红色血脉。

本书不仅是一部关于湖北电力行业发展的历史记录，更是一部传承红色基因、弘扬正能量的精神读物。本书可供对湖北电力行业党建历史感兴趣的读者及相关从业人员参考阅读。

图书在版编目（CIP）数据

红色基因　鄂电传承 / 中共国网湖北省电力有限公司党校编 .
北京：中国电力出版社，2025. 1（2025.3重印）. -- ISBN 978-7-5198-9192-3

Ⅰ. D261. 41

中国国家版本馆 CIP 数据核字第 20241NP902 号

出版发行：中国电力出版社
地　　址：北京市东城区北京站西街19号（邮政编码100005）
网　　址：http://www.cepp.sgcc.com.cn
责任编辑：崔素媛 （010-63412392）
责任校对：黄　蓓　王海南
装帧设计：张俊霞
责任印制：杨晓东

印　　刷：三河市航远印刷有限公司
版　　次：2025年1月第一版
印　　次：2025年3月北京第二次印刷
开　　本：710毫米×1000毫米　16开本
印　　张：15.75
字　　数：201千字
定　　价：89.00元

编委会

序

党的十八大以来，习近平总书记多次强调：“把红色基因传承好，确保红色江山永不变色。”

红色基因是我们党在长期奋斗中淬炼出的精神品质和优良作风，凝结着中华儿女的理想追求。

百年鄂电，苦难辉煌。这个百转千回的历程中，红色基因贯穿始终。这本《红色基因　鄂电传承》全面呈现了这样的历程。

在声援五四学子的思想启蒙年代，湖北电力人站在罢工斗争的前沿，走在游行队伍的行列。

在工人运动风起云涌的年代，湖北电力诞生了较早的工会组织和党组织。在与资本家、反动派的斗智斗勇中，他们曲折前行，不断积累革命经验。

在艰难曲折的大革命年代，一批湖北电力人冒着极大风险，坚持地下斗争，为农村革命根据地的开辟提供了有力支持。

在日寇入侵的国恨家仇中，湖北电力人置生死度外，西迁设备。当被迫进入日本人电厂做劳工，他们故意制造停电事故做不屈斗争。

在解放战争的烽火岁月，在地下党的领导下，湖北电力提供渡江轮船、组织保产护厂，立下显赫战功。

党的每一个重要历史阶段，湖北电力人从未缺席。

雄鸡一唱东方白，万里山河换锦装！踏入新中国建设的伟大征程，湖北电力担负起“先行官”的神圣使命。一大批经过战争年代洗礼的革命者进入湖北电力，他们将红色基因带入电力建设的火热工地，带入供电服务的营业窗口，吹响了人民电业为人民的嘹亮号角！

盛世如歌春又临，万道霞光华夏新！迎着改革开放的春风，在湖北电力一路高歌的迅猛发展时期，红色基因在超高压、特高压建设试验现场一脉传承，在村村通电、户户通电的作为与情怀里落地生根。

为美好生活充电，为美丽中国赋能！进入新时代，湖北电力扛起“大国重器”“顶梁柱”的责任担当，红色基因成为推动能源转型、建设世界一流企业的强大引擎，成为战冰、战洪、战贫，助力乡村振兴的力量源泉。

行程万里，不忘来路；饮水思源，不忘初心。用红色基因滋养心灵，让红色基因代代相传，让我们在对峥嵘岁月的回首中，在对美好未来的展望中，永远赓续红色血脉，坚持不懈强根铸魂，用心用情践行宗旨，始终保持实干争先的作风、永不懈怠的精神状态，以实际行动谱写电网高质量发展的时代华章，为中国式现代化湖北实践注入新动能。

国网湖北省电力有限公司董事长、党委书记　吴英姿

2024年12月

目录

第一章

厚植红色热土：

永葆荆楚大地红色火种

红色基因是中国共产党以马克思主义为指导在长期革命实践中淬炼的、在建设改革时期发展的理想信念、光荣传统、革命精神、优良作风、团结理念等的集合，它往往通过红色文化呈现于世人面前。

荆楚大地是一片涌动着红色精神、镌刻着红色基因的革命沃土。从五四运动到解放战争，一批批荆楚儿女前赴后继、顽强斗争，在一场场革命烽火之后，迎来新中国的成立。诞生于荆楚大地的湖北电力，其发展历程，也孕育着不朽的红色基因。

今天，鄂电传承红色基因，意味着要加强学习，把习近平总书记关于传承红色基因的重要论述学深悟透，投身新时代电力事业的伟大实践；意味着要铭记历史，扎根荆楚大地，总结百年鄂电发展经验，开辟新时代电力事业的新篇章。

第一节 传承红色基因：牢记习近平总书记的谆谆教诲

党的十八大以来，习近平总书记立足党和国家事业发展全局的战略高度，在不同场合反复强调要把红色资源利用好、红色传统发扬好、红色基因传承好，确保红色江山永不变色，形成了关于红色基因的重要论述。习近平总书记这一重要论述是我们做好红色基因传承工作的基本遵循。

2013年2月，习近平总书记在视察兰州军区时指出："西北地区红色资源丰富，是延安精神的发源地，要发扬红色资源优势，深入进行党史军史和优良传统教育，把红色基因一代代传下去。"2014年4月，习近平总书记在视察新疆军区时强调：你们开展的"红色基因代代传"工程建设，把"红色基因"融入官兵血脉，这个做法很好。要发扬光荣传统，永葆老红军政治本色。2016年10月，习近平总书记在纪念长征胜利80周年讲话时强调："伟大长征精神，作为中国共产党人红色基因和精神族谱的重要组成部分，已经深深融入中华民族的血脉和灵魂，成为社会主义核心价值观的丰富滋养，成为鼓舞和激励中国人民不断攻坚克难、从胜利走向胜利的强大精神动力。"2017年7月，习近平总书记在中国人民革命军事博物馆参观时强调："我们要铭记光辉历史、传承红色基因，在新的起点上把革命先辈开创的伟大事业不断推向前进。"2021年6月，在庆祝中国共产党成立100周年之际，中共中央政治局就用好红色资源、赓续红色血脉进行第三十一次集体学习。习近平总书记在主持学习时表示："党的十八大以来，我到地方考察，都要瞻仰对我们党具有重大历史意义的革命圣地、红色旧址、革命历史纪念场所，主要的基本上都走到了。每到一地，重温那一段段峥嵘岁月，回顾党一路走过的艰难历程，灵魂都受到一次震撼，精神都受到一次洗礼。每次都是怀着崇敬之心去，带着许多感悟回。”2022年10月，习近平总书记在党的二十大上指出：“坚持理论武装同常态化长效化开展党史学习教育相结合，引导党员、干部不断学史明理、学史增信、学史崇德、学史力行，传承红色基因，赓续红色血脉。”2024年11月，习近平总书记在湖北考察时强调，湖北历史文化底蕴深厚、红色资源丰富，要在加强文化资源保护和推动文化创新发展上担当使命。系统推进历史文化遗产保护传承和活化利用，加强长江文明溯源研究和传播展示。大力弘扬大别山精神、抗洪精神、抗疫精神，广泛践行社会主义核心价值观。

一、传承红色基因的重要意义

红色基因是共产党人的精神信仰、价值追求和优秀本质，它是一代代中国共产党人在流血牺牲、千锤百炼中积淀而成的精神内核，是区别于其他一切政党的鲜明标识和政治优势，也是保持党的肌体健康的内在决定因素。

红色基因是应对时代挑战的精神密码。红色基因形成于血与火的革命战争年代，在时代的发展中不断被赋予新的内涵，已经深深地熔铸于中国共产党人的血脉之中。100多年来，党的红色基因生生不息、历久弥新。红色基因是革命先烈抛头颅、洒热血淬炼而成的，是我们党和人民军队战胜前进道路上的一切艰难险阻、从弱小走向强大、从胜利走向胜利的精神密码，必须格外珍惜。我们要在学习党的光辉历史中，深刻感悟红色政权从哪里来、新中国从哪里来、中国特色社会主义从哪里来。面向未来、面对挑战，我们要从红色基因中汲取养分、汇聚力量、克难攻坚，努力创造更多的人间奇迹。让红色基因融入血脉、代代相传，永葆对人民的赤子之心，保持锐意进取、永不懈怠的精神状态和敢闯敢干、一往无前的奋斗姿态，有利于补足共产党人的精神之钙，保持清正廉洁的政治本色，密切党员同人民群众的血肉联系，增强党员干部的执政本领。

传承红色基因是建设强大的无产阶级执政党的迫切要求。红色基因是中国共产党人的精神内核，是中国共产党牢记初心使命的精神支撑。要把党建设得更加坚强有力，全党同志必须坚定马克思主义的理想信念，“坚定理想信念，坚守共产党人精神追求，始终是共产党人安身立命的根本。”100多年来，中国共产党形成并弘扬伟大建党精神，锤炼出鲜明的政治品格。这些宝贵精神财富代表着我们党的信仰、忠诚、追求、忘我、奉献等基因特质，蕴含着忠诚坚定、不畏牺牲、艰苦奋斗、服务人民的优良传统，为立党兴党强党提供了丰厚滋养。当前，在各种重大挑战、重大风险面前，全党同志务必传承红色基因，坚持真理、坚守理想，践行初心、担当使命，聚焦中国式现代化建设实践，将红色血脉汇流成进一步全面深化改革的强大动力，让红色基因密码在强国复兴伟大实践中释放出强大的精神动力。

传承红色基因是强国建设、民族复兴的精神动力。中国特色社会主义是改革开放以来党的全部理论和实践的主题，在新时代传承红色基因，有利于更好推进中国特色社会主义伟大事业，实现中华民族伟大复兴。当前，世界百年未有之大变局加速演进，我国正处于以中国式现代化推进中华民族伟大复兴的关键时期，不同思想文化之间的交流碰撞将更加频繁，这对我们向世界推广中华文化、提升中华文化影响力提出了新的要求。红色基因为社会主义核心价值观提供了丰富的养分，是中国精神、中国价值、中国力量的重要来源，是实现“第二个结合”的强大精神力量。传承红色基因，有助于在各种文化激荡中进一步壮大主流价值、主流舆论、主流文化，为中华民族伟大复兴提供有力的精神支撑。

二、习近平关于红色基因重要论述的核心要义

习近平关于红色基因重要论述，深刻揭示了红色基因从哪里来、到哪里

去，红色基因是什么、为什么，揭示了红色基因与我们党百年奋斗、与党的初心使命的本质联系。

理想信念是红色基因的政治灵魂。习近平总书记深刻指出：“对马克思主义的信仰，对社会主义和共产主义的信念，是共产党人的政治灵魂，是共产党人经受住各种考验的精神支柱。”红色基因的产生可以追溯到中国共产党的诞生之日。在风雨如晦的上世纪20年代，面对一批又一批仁人志士追求富国强兵而不得的历史困境，中国共产党自诞生之日起就确立了统一中国为真正民主共和国的理想，制定了最高纲领和最低纲领，并为这一目标而浴血奋战、不懈奋斗。因此，从一开始红色基因就深深地熔铸到了中国共产党人的精神血脉之中。一百多年来，千百万共产党人满怀对马克思主义的坚定信仰和对社会主义、共产主义的坚贞信念，发扬“一不怕苦、二不怕死”的革命精神，为实现中华民族伟大复兴流血流汗，生动诠释了理想信念底色，使红色基因历经血与火的洗礼代代传承，成为我们党继续走好新时代长征路的精神内核。

对党忠诚是红色基因的政治方向。忠诚于党、忠于党的事业，一切行动听从党的指挥，是对每一名党员的基本要求，是共产党员永葆先进性和纯洁性的前提，也是我们党战胜一个又一个艰难险阻、从一个胜利走向又一个胜利的重要保证。对党忠诚，是中国共产党坚强有力、充满生机的重要根源。忠诚产生凝聚力，形成统一意志，正是因为广大党员对党忠诚，我们党才成为团结统一的有机整体。奉献增强感召力，筑牢党的阶级基础和社会基础，正是因为广大党员甘于奉献，全心全意为人民服务，我们党才得到了人民的衷心拥护。中国共产党是为人民利益奋斗的党，党性和人民性是统一的，对党忠诚也体现了为民服务的真挚情怀。高恬波饱受酷刑，宁死不交出省委组织名单；周文雍临刑前写下“壮士头颅为党落，好汉身躯为群裂”的壮烈诗句；邱少云身处烈火之中却纹丝不动，壮烈牺牲。千千万万的共产党人像他们一样，用对党忠诚的实际行动诠释了牺牲和奉献的政治本色。

以人民为中心是红色基因的价值旨归。人民性是无产阶级政党的本质属性，也是中国共产党的根本宗旨，构成了红色基因的鲜明标识。新民主主义革命时期，中国共产党人坚持全心全意为人民服务，获得了广大人民群众的广泛支持。新中国成立后，我们党坚持以人民满不满意、答不答应、高不高兴为制定政策的依据，极大改善了群众的生活水平。进入新时代，我们党把“人民对美好生活的向往”作为奋斗目标，不忘初心、牢记使命，始终践行群众路线，不断密切党群关系，使我们党在革命性锻造中更加坚强有力。“坚持人民至上”成为我们党百年奋斗的一条重要经验，也是我们党在新征程中不变质、不变色，始终传承赓续红色基因的价值导向。

艰苦奋斗是红色基因的精髓。艰苦奋斗不仅是中华民族的优良传统，更是共产党员的政治本色。一百多年来，我们党之所以从小到大、从弱到强，成为世界上最大的、长期执政的马克思主义政党，一个重要原因就是始终传承弘扬了艰苦奋斗的红色基因。依靠着艰苦奋斗精神，我们党战胜一个又一个困难和挑战，取得了革命的胜利，推动了改革开放历史进程，完成了第一个百年奋斗目标，创造了经济快速发展和社会长期稳定“两大奇迹”，书写了探索中国式现代化道路的辉煌篇章。在艰苦奋斗、攻坚克难的革命、改革和建设进程中，逐渐酝酿、凝结形成了红色基因，凝聚了军心、党心和民心。习近平总书记指出，要实现中华民族的伟大复兴，前路漫漫，艰险重重，荆棘丛生，这就尤其需要发扬一种精神即艰苦奋斗。毛泽东同志曾经用“酸菜里面出政治”这个朴素的道理，深刻阐述艰苦奋斗的重要性。今天，我们面临着前所未有的风险和挑战，只有继续传承弘扬艰苦奋斗的红色基因，从中汲取不竭的精神力量，才能继续战胜前进道路上的千难万险。

三、让红色基因代代相传

习近平总书记赴地方考察调研时，总要瞻仰具有重大历史意义的革命圣地、红色旧址、革命历史纪念场所。他曾深情地说：“每次来缅怀革命先烈，思想都受到洗礼，心灵都产生触动。”在习近平总书记眼中，每一个历史事件、每一位革命英雄、每一种革命精神、每一件革命文物，都是我们党艰辛而辉煌奋斗历程的见证，都是“党和国家的宝贵财富”，实现中华民族伟大复兴，就“要用好红色资源，传承好红色基因”。

用好红色资源。习近平总书记明确指出要“把红色基因传承好，确保红色江山永不变色”。这就需要“讲好党的故事、革命的故事、根据地的故事、英雄和烈士的故事，加强革命传统教育、爱国主义教育、青少年思想道德教育”。中国共产党在领导中国人民进行革命、建设和改革的伟大实践中，逐渐形成了内容丰富、典型性强、覆盖面广的“中国共产党精神谱系”，这是“党和国家的宝贵财富”，也是最重要的红色资源。各地革命博物馆、纪念馆征集收藏的革命文物以及革命人物的故居旧址、烈士陵园等，是中国共产党领导人民取得伟大成就的见证，是最有现场感、代入感和实践感的红色资源。党的十八大以来，习近平总书记高度重视对红色资源的保护、管理和运用，其足迹遍布重要的革命博物馆、纪念馆、革命旧址遗址。每到一处，习近平总书记都会发表重要讲话，语重心长地告诫全党，要传承红色基因，用好红色资源。2017年10月31日，习近平总书记参观中共一大会址瞻仰南湖红船，并在讲话中强调指出：“上海党的一大会址、嘉兴南湖红船是我们党梦想起航的地方。我们党从这里诞生，从这里出征，从这里走向全国执政。这里是我们党的根脉。”2021年6月25日，中共中央政治局就用好红色资源、赓续红色血脉举行第三十一次集体学习，习近平总书记再次强调，“要把红色资源作为坚定理想信念、加强党性修养的生动教材”，并“要用心用情用力保护好、管理好、运用好红色资源”。

上海中共一大会址纪念馆。2017年10月31日，习近平总书记在这里带领其他中共中央政治局常委同志一起重温入党誓词

建好红色基因库。2019年9月16日，习近平总书记参观鄂豫皖苏区首府革命博物馆时特别强调："革命博物馆、纪念馆、党史馆、烈士陵园等是党和国家红色基因库。"红色基因不是一个时髦用语，而是有着深刻内涵的政治指向和思想指向，它包含着中国共产党领导中国人民革命、建设、改革历程中所累积起来的精神品质和优良作风，是中国共产党与生俱来的共产主义理想信念、全心全意为人民服务的根本宗旨以及一切为了群众、一切依靠群众的群众立场。要使人感受到红色基因并认同之，仅仅只有伟大的口号、华丽的辞藻和俏皮的仪式是无法实现的，而要用具体而实在的历史来教育人、感化人，从而方能厚植红色基因。这些具体而实在的历史，往往必须通过革命博物馆、纪念馆、党史馆、烈士陵园等场馆中陈列的革命文物才能得到生动而鲜活的呈现。这些"革命文物承载党和人民英勇奋斗的光荣历史，记载中国革命的伟大历程和感人事迹，是党和国家的宝贵财富，是弘扬革命传统和革命文化、加强社会主义精

神文明建设、激发爱国热情、振奋民族精神的生动教材”。因此，习近平总书记强调：“加强革命文物保护利用，弘扬革命文化，传承红色基因，是全党全社会的共同责任。”唯有“各级党委和政府要把革命文物保护利用工作列入重要议事日程，加大工作力度，切实把革命文物保护好、管理好、运用好”，才能真正建好红色基因库，才能实现红色基因的代代相传。

弘扬好中国共产党人精神谱系。中国共产党人精神谱系是红色精神的集中凝练和总结，学好用好中国共产党人的精神谱系就是承续红色精神的最好行动。2021年7月1日，习近平总书记在庆祝中国共产党成立100周年大会上概括提出伟大建党精神“坚持真理、坚守理想，践行初心、担当使命，不怕牺牲、英勇斗争，对党忠诚、不负人民”。2021 年9月29日，中共中央批准了中央宣传部梳理的第一批纳入中国共产党人的精神谱系的伟大精神，在中华人民共和国成立72周年之际予以发布。第一批中国共产党人的精神谱系包括以下46种：建党精神、井冈山精神、苏区精神、长征精神、遵义会议精神、延安精神、抗战精神、红岩精神、西柏坡精神、照金精神、东北抗联精神、南泥湾精神、太行精神（吕梁精神）、大别山精神、沂蒙精神、老区精神、张思德精神、抗美援朝精神、“两弹一星”精神、雷锋精神、焦裕禄精神、大庆精神（铁人精神）、红旗渠精神、北大荒精神、塞罕坝精神、“两路”精神、老西藏精神（孔繁森精神）、西迁精神、王杰精神、改革开放精神、特区精神、抗洪精神、抗击“非典”精神、抗震救灾精神、载人航天精神、劳模精神（劳动精神、工匠精神）、青藏铁路精神、女排精神、脱贫攻坚精神、抗疫精神、“三牛”精神、科学家精神、企业家精神、探月精神、新时代北斗精神、丝路精神。伟大建党精神是中国共产党的精神之源，在中国共产党诞生的那一刻就融入了共产党人的血脉之中，形成了承载共产党人精神遗传密码的红色基因。因此，习近平总书记强调指出：“历史川流不息，精神代代相传。我们要继续弘扬光荣传统、赓续红色血脉，永远把伟大建党精神继承下去、发扬光大!”

发扬好红色传统。习近平总书记指出：“光荣传统不能丢，丢了就丢了魂；红色基因不能变，变了就变了质。”2021年2月20日，在党史学习教育动员大会上的重要讲话中，习近平总书记强调：“要教育引导全党大力发扬红色传统、传承红色基因，赓续共产党人精神血脉。”发扬好红色传统，就要坚定理想信念，牢记初心使命。中国共产党人的理想信念，就是对马克思主义、共产主义的信仰，对社会主义的信念。在艰苦卓绝的革命斗争中，李大钊坚信“共产主义在世界、在中国，必然要得到光荣的胜利”，夏明翰立下了“砍头不要紧，只要主义真”的铮铮誓言，方志敏庄严宣告：“敌人只能砍下我们的头颅，决不能动摇我们的信仰！因为我们信仰的主义，乃是宇宙的真理!”这种坚定不移的理想信念，是中国共产党人的精神脊梁和政治灵魂，也是红色基因的核心要义和鲜明底色，正是在理想信念的指引和激励下，中国共产党人前仆后继、不怕牺牲。在党的百年奋斗历程中，无数共产党人为了国家和民族利益，甘愿舍小家为大家，不惜流血牺牲。陈乔年为了让子孙后代“享受前人披荆斩棘的幸福”英勇牺牲，赵一曼为了民族独立“未惜头颅新故国，甘将热血沃中华”，王进喜“宁可少活二十年，拼命也要拿下大油田”，焦裕禄用生命改变兰考贫穷落后的面貌……他们身上强烈的担当精神和深厚的家国情怀塑造了共产党人的红色血脉，成为红色传统的重要组成部分。在新时代，承续红色精神，传承红色基因，就要把这些感人的故事和历史、动人的牺牲和奉献讲出来，鼓舞人民士气，充实人民底气，壮大人民志气，使他们受到感染，始终弘扬红色传统，在任何情形任何时候都不发生动摇，走好我们这一代人的长征路。

新时代新征程。我们必须牢记习近平总书记的谆谆教诲：传承红色基因。深入学习习近平总书记重要讲话精神，用好红色资源、承续红色精神、赓续红色血脉，凝聚起全面建设中国式现代化、实现中华民族伟大复兴的磅礴力量，是历史赋予我们的伟大使命和宝贵机遇。国网湖北省电力有限公司（以下简称“国网湖北电力”）将始终牢记习近平总书记嘱托，让红色文化成为发展的精神之源，让红色资源在发展中得到充分利用，让红色血脉得到有效传承。

延伸阅读 1

国务院国资委：传承红色基因　激荡发展动力

党史学习教育启动以来，国务院国资委党委高起点谋划、高效率推进，开展了内容丰富、形式多样的活动，引导国资委机关和中央企业广大党员干部学史明理、学史增信、学史崇德、学史力行，更加自觉地从党的历史中汲取智慧和力量，持续推进国资央企系统党史学习教育走深走实。各中央企业党委（党组）迅速组织启动部署、制定工作方案、建立领导机构，掀起党史学习教育热潮。

有声有色，红色资源火起来

绳子、镐头、锤子、铁钩、木钩……这套看似普通的劳动工具近日在北京铁道兵纪念馆暨中国铁建展览馆展出。1949年，为解放大西北，杨连第用这套工具只身攀高30多米、爆破百余次抢修陇海铁路，被授予“登高英雄”称号。展览还同时展出了用于高铁建设的大型盾构机等先进技术装备，见证了中国铁建从昔日“铁道兵”成长为今天大型建设央企的沧桑巨变。

一个小物件就是一段峥嵘岁月、一座珍贵的精神宝库。国资央企从历史中走来，蕴藏着丰富的红色资源，是党史学习教育的鲜活教材，也是鼓舞新时期建设者不懈奋斗的加油站。

国务院国资委党委指导国资央企切实用好中央企业红色资源，组织党员干部参观革命遗址遗迹、博物馆、纪念馆等，通过实地参观、鲜活讲解、互动体验等开展现场教学，将红色教育融入党史学习教育全过程，突出央企特色，让央企红色资源火起来，让党史学习教育红起来。

各中央企业积极创新手段和方法，运用红色资源，将红色教育融入党员工作、生活场景，助力党史学习教育有声有色。航天科技充分利用20家航天精神教育基地和国家工业遗产等红色资源，将学习传承爱国主义精神和航天精神融入党史学习教育；中国移动开展“红色传承映初心、党旗飘扬在一线”宣传教育活动，以5G等技术优势赋能红色资源；中国旅游集团研发党史学习教育红色旅游产品和服务方案，创立红色教育品牌……广大中央企业党员干部走近这些红色资源接受教育和洗礼，切身感受我党建设的艰辛历程、巨大变化和辉煌成就，缅怀革命先烈，追寻初心使命。

理论武装，学习教育厚起来

研制出独立自主、技术先进、质量可靠的航空发动机，是中国航空发动机集团有限公司的神圣使命。把铸造航空动力“中国心”与传承听党话、跟党走的红色初心统一起来，中国航空发动机集团有限公司建立了“党组学习研讨日”机制，打造理论学习的示范班，持续推进理论学习制度化、规范化，突出政治引领，夯实思想根基，把牢理论武装的“定盘星”“指南针”。

思想是行动的先导，理论是实践的指南。国务院国资委党委牢牢把握党史学习教育的目标要求，明确六项专题学习任务，从组织专题学习、举办专题读书班、开展现场教学和专题培训等多方面推进学深悟透，把习近平总书记关于国有企业改革发展的重要论述与党史学习教育结合起来，以深度拓展强化学习教育的厚度，推进国资央企党员干部深刻领会发展国有经济的重大战略意义，更加坚定做强、做优、做大国有资本和国有企业的信心决心。

中央企业多形式多手段深化学习研讨，不断提升学习效果。中国石油天然气集团有限公司举办高质量发展大讲堂，精心打造“石油魂”宣讲升级版，引领百万石油工人听党话跟党走；中国大唐集团有限公司采用理论学习中心组学习研讨与读书班相结合的方式，筹划开展10期读书班展开研讨交流；国家石油天然气管网集团有限公司、中国华电集团有限公司、中国中化集团有限公司等企业通过宣讲报告、专题研讨、网上答题等活动，助力党史学习教育不断深化……国资央企坚持理论指导实践，党的旗帜更加高扬，改革发展动力更加强劲，央企人的时代风采更加闪亮，汇聚起奋进新征程的强大力量。

走稳走实，破解“急难愁盼”

在中交公路规划设计院有限公司南京张皋过江通道项目部，异地就医难一直是困扰一线职工的难题。为了让项目一线职工安心工作，项目部打造了“职工在线问诊平台”，为职工提供便捷的在线问诊健康咨询服务，让职工足不出户即可就诊“公规云医院”，同时开通“绿色就医直通车”，面向职工及直系家属，提供北京医院门诊预约挂号服务，进一步提升广大职工群众的获得感、幸福感、安全感。

国务院国资委党委自觉做到把学习党史同总结经验、观照现实、推动工作结合起来，围绕职工群众“急难愁盼”问题，指导中央企业积极深入基层项目一线，以“党旗在一线高高飘扬”为主题，建立党员先锋岗、责任区，推动解决职工群众最关心、最直接、最现实的利益问题；组织党员干部参加志愿服务活动，聚焦身边人身边事，有效推进“我为群众办实事”实践活动走稳走实。

国家电网有限公司以“为民优质服务”为重点，实施“优质服务惠民生”专项行动，以实际行动架起党群连心桥；中国东方航空集团有限公司坚持“人民航空为人民”，在北京大兴机场启动“首见乘务员”服务模式，旅客仅凭刷脸便可实现值机、托运、登机的全流程自助化出行；国资委机关开展“年轻干部走基层”活动，组建调研组赴中央企业基层联系点开展调研，深入了解企业改革发展和党史学习教育工作情况，帮助解决困难和问题。

国务院国资委提出，要将党史学习教育与推动国资央企高质量发展结合起来，认真落实“十四五”规划重点任务，抓紧抓实国企改革三年行动，大力推进科技创新，加快国有经济布局优化和结构调整，进一步提高国资监管效能，全面加强党的领导、党的建设，以更加昂扬的精神状态建功新时代、奋进新征程。

选自2021年6月28日《光明日报》

作者：温源

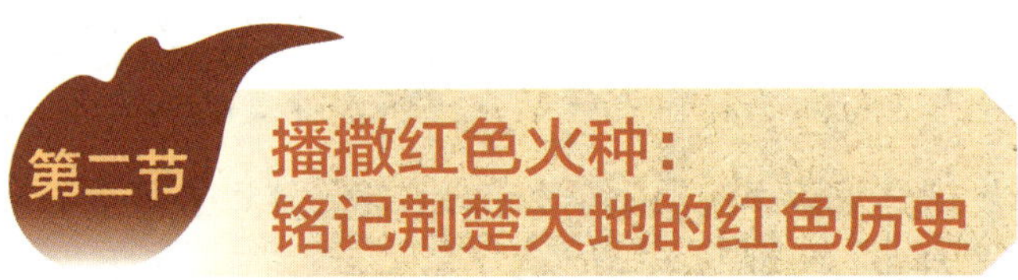

第二节 播撒红色火种：铭记荆楚大地的红色历史

荆楚大地，这片古老而充满活力的土地，不仅孕育了灿烂辉煌的楚文化，更是中国近现代革命的重要发生地。这里的历史，如同一幅波澜壮阔的画卷，记录着无数革命先烈为民族独立和人民解放不懈奋斗的英勇事迹。从五四运动的风云到抗日战争的烽火岁月，再到解放战争的胜利号角，荆楚大地上的每一次重大历史事件，都是红色基因在实践中熠熠生辉的见证，也激励着代代湖北电力人勇往直前，为实现中华民族伟大复兴贡献力量，让红色火种在新时代的征程中继续发光发热。

一、革命关键期的头阵前锋

在这里，走出了五四运动中起核心和领导作用的先进分子。恽代英、林育南、陈潭秋、施洋、黄负生、李求实、李书渠等人，和全国的先进分子一起开启了学习和宣传马克思主义的行动。1920年8月，在共产国际的推动下，经过李大钊、陈独秀等人的积极活动，上海出现了第一个中国共产党早期组织。而就在这一年的6月，参与上海共产党早期组织筹建的李汉俊，给在武汉的董必武、张国恩去信，相约在武汉筹建共产党组织，领导武汉地区的革命运动。同时，陈独秀也派刘伯垂到武汉筹建共产党组织，与董必武、陈潭秋、包惠僧等一起协商筹建湖北共产党组织。

在这里，建党初期，全国59名党员中就有12名湖北人。湖北是全国建立党的早期组织的6个地区之一。在上海早期党组织的指导下，1920年8月，董必武、陈潭秋、刘伯垂、包惠僧、张国恩、赵子健、郑凯卿聚集于武昌抚院街97号，宣告武汉共产党早期组织成立，当时取名为“共产党武汉支部”，并租用了武昌多公祠5号作为党组织的活动机关，门前挂“刘芬律师事务所”的牌子，以掩护党的秘密活动。小组成立之后，董必武、陈潭秋等人在武汉中学、省立一师、省立女师等学校发展社会主义青年团员、共产党员，组织青年学生和工人学习《共产党宣言》《阶级争斗》等书籍和《共产党》《新青年》等革命刊物，宣传新思想，传播马克思主义。1921年7月召开的中国共产党第一次全国代表大会，13名代表中董必武、陈潭秋、李汉俊、包惠僧、刘仁静5人为湖北籍贯。这12名湖北人高举改造旧中国的火焰，点燃自己的热血，在中国大地上播下新的革命火种。

在这里，爆发了著名的二七大罢工。二七大罢工是中国工人运动第一次高潮中规模最大、最有影响的一次。1923年，在中国共产党领导下，以汉口江岸为中心的京汉铁路工人为争取成立总工会的自由和工人阶级的政治权利，反对帝国主义、封建主义，举行了震惊中外的二七大罢工。在军阀吴佩孚的命令下，湖北督军萧耀南借口调解工潮，诱骗工会代表到江岸工会会所“谈判”，工会代表在去工会办事处途中，遭到反动军队的枪击，赤手空拳的工人纠察队前后牺牲52人，受伤300多人，造成了震惊中外的二七惨案。施洋、林祥谦等革命先驱在这次罢工中壮烈牺牲。这次大罢工把中国共产党领导下的中国工人运动的第一次高潮推向了顶峰，在中国革命史和中国工人运动史上写下了光辉的一页。

在这里，召开了中国共产党第五次全国代表大会。在大革命紧急关头，1927年4月27日至5月9日，中国共产党第五次全国代表大会在武汉举行。党的五大提出争取无产阶级对革命的领导权，建立革命民主政权和实行土地革命等一些正确的原则。这次大会选举产生了中央监察委员会，这是党的历史上第一个中央纪律检查监督机构，标志着党的纪律检查制度的创立。大会第一次明确把民主集中制写入党章，第一次正式确立党的组织原则是“民主集中制”，第一次把党与青年团的关系写入党章。

在这里，召开了党的历史上重要转折点的八七会议。大革命的失败

中共五大会址纪念馆

使年轻的中国共产党遭受到成立以后从未遇到过的严峻考验。在关系党和革命事业前途与命运的关键时刻，中共中央政治局于1927年8月7日在汉口召开紧急会议（八七会议）。会议批判和纠正了党在大革命后期所犯的右倾机会主义的错误，确定了土地革命和武装斗争的总方针，决定发动秋收起义。毛泽东出席了这次会议，并提出了著名的“枪杆子里出政权”的论断。八七会议给正处于思想混乱和组织涣散的中国共产党指明了新的出路，为挽救党和革命作出了巨大贡献。八七会议的召开，标志着中国革命由大革命

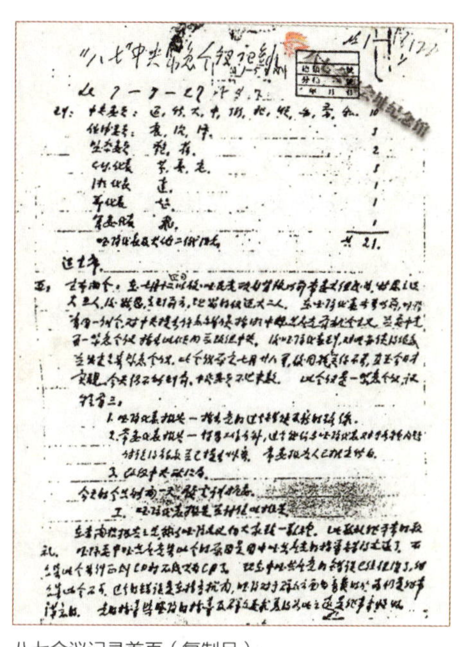

八七会议记录首页（复制品）

八七会议会址纪念馆

失败到土地革命战争兴起的历史性转变。

在这里，爆发了黄麻起义，这里是红军摇篮。1927年11月13日，党在湖北领导发动了数万人参加的黄麻起义，起义部队当时统称为“农民自卫军”。起义当天，农民自卫军经过激战一举攻克敌人盘踞的黄安县城（今红安），建立了工农民主政权。第二天清晨，原国民党县衙门前挂起了绣有镰刀、斧头的红旗。当地著名书法家吴兰陔情不自禁地挥毫疾书，写了一副对联贴在县衙的大门上，上书：“痛恨绿林兵，假称青天白日，黑暗沉沉埋赤子；光复黄安城，试看碧云紫气，苍生济济拥红军。”此联一出，很快在当地引起反响和传诵。于是，人民群众便把农民自卫军称为“红军”，这是第一次把中国共产党领导的军队称为“红军”。湖北的红安、麻城是鄂豫皖根据地的最早策源地，并在其后成为根据地的重要中心区域，湖北地区根据地面积为三省根据地面积中最大的。而诞生于红安的中国工农红军第四方面军（红四方面军）是革命战争年代，在中国共产党领导下建立的英雄部队，是红军三大主力之一。

黄麻起义和鄂豫皖苏区革命历史纪念馆

二、多方合力掀起抗日怒潮

湖北抗战是中国人民抗战史的重要组成部分。湖北是全面抗战初期全国抗日运动的中心，是抗日战争从战略防御向战略相持转折的枢纽，是中国共产党领导的两大抗战主力之一——新四军的诞生地，是中国共产党领导的敌后抗日游击战争的重要战场。在中国人民抗战史上，湖北抗战具有十分重要的历史地位。湖北人民对全国抗日战争的胜利作出了重大贡献。一部湖北抗战史告诉人们：中国共产党主张建立的以国共合作为基础的抗日民族统一战线是打败日本侵略者的决定因素，中国共产党是引导全民族抗战走向胜利的旗帜，中国共产党及其领导的抗日军民是全民族抗战的中流砥柱。

在这里，中国共产党湖北地方组织迅速恢复并成立了新四军。湖北地区在主力红军转移后，由于国民党政府的残酷杀戮，除鄂豫皖、湘鄂赣两游击区外，其他地区的中共组织被摧残殆尽。中共中央对恢复和建立湖北地区党的组织十分重视，1937年8月，派董必武回鄂负责湖北地区党组织的指导工作，10月，派杨学诚、郭述申、陶铸、钱瑛等来鄂组成中共湖北省工作委员会（次年1月正式成立中共湖北省委）。通过寻找失散党员，营救被捕党员，发展新党员，整理重建农村党组织，至1938年4月，全省党员人数由1937年8月的数十人发展至1100余人，先后建立3个区委、3个中心县委、2个工委和2个特支，在群众团体中建立党团，初步形成遍布湖北城乡的党组织体系，为湖北地区抗日救亡群众运动的发展和敌后游击战争的发动奠定了组织基础。

1937年7月卢沟桥事变后，根据中共中央关于建立抗日民族统一战线的方针，鄂豫皖边、湘鄂赣边红军游击队领导人分别同当地国民党军政当局举行停止内战、一致抗日的谈判。按照协议，高敬亭等率鄂豫皖边红军于8月进驻黄安（今红安）七里坪地区。湘鄂赣边红军领导人也在停战、给养、部队改编等方面与国民党当局达成协议。10月，国共两党达成协议，将鄂、湘、赣、闽、粤、浙、豫、皖8省边界地区的红军和游击队改编为国民革命军陆军新编第四军（简称新四军），叶挺任军长，项英任副军长。12月25日，新四军军部在汉口正式成立。在中共中央长江局直接领导下，南方各游击区部队统一改编为新四军的4个支队，江南湘鄂赣边集中于平江嘉义地区的红军游击队，改编为新四军第一支队第一团队，于3月东进至皖南，正式编入以陈毅为司令员的第一支队。鄂豫皖边红军和游击队改编为新四军第四支队，高敬亭任司令员。3月，第四支队在黄安七里坪誓师，踏上东进抗日征程。

在这里，爆发了抗日战争战略防御阶段规模最大、时间最长、歼敌最多的战役：武汉会战。1937年8月，日军大肆进攻上海，战况急剧恶化。10月29日，国民政府决定从南京迁至重庆。国民政府于11月中下旬先期迁渝后，国民党中央党部、国民政府军事委员会等重要机构留驻武汉。中共代表团和其他党派领袖人物以及各界知名人士齐集武汉，国共两党为了抵御民族大敌，进一步加强合作。在中国共产党的推动下，国民参政会一届一次大会于7月在汉口召开，包括董必武、秦邦宪等中共参政员在内的162名参政员出席。武汉会战中，中国军队浴血奋战，大小战斗数百次，大大消耗了日军的有生力量，日军虽然攻占了武汉，但其速战速决、逼迫国民政府屈服以结束战争的战略企图并未达到。由于一系列抗战的重大政治决策在这里形成，许多抗战的重要军事部署在这里制定，一部分内迁工业在这里中转，抗战文化在这里弘扬，武汉成为全国抗日运动的中心。

1938年6月，日军投入包括航空兵团、骑兵团、海军陆战队、机械化兵团在内的立体作战兵种共35万人、飞机300架、舰艇120艘，发动攻占武汉战役。为保卫战时首都武汉，国民政府投入第九战区、第五战区参战部队共计100万人。在地面作战部署尚未就绪时，日军于1938年2月率先发动对武汉的空中攻击，中国空军勇敢迎战，给敌以沉重打击。6月12日，日军占领安庆，沿长江向西发动对武汉的水路和陆路攻击，揭开武汉会战序幕。9月29日，日军攻破田家镇要塞，从东面迅速逼近武汉。与此同时，日军一路从淮河流域向位于大别山区的光州、商城一线进击，占领安徽六安、霍山和河南商城，于10月24日进入麻城，直抵武汉东北面。其一部于10月12日占领河南信阳，沿平汉铁路南下，直逼武汉。至此，屏障武汉的要塞尽失，武汉已在日军的三面包围之中，无险可守。在此种情况下，蒋介石于10月14日发表训令，要求参加武汉会战的国民党军队转移阵地，武汉周边的中国守军随后退出阵地，武汉会战结束。10月26日，武汉沦入敌手。武汉会战是抗日战争时期中日双方投兵最多、战线最长、时间最久、伤亡最大的一次战役，也是正面战场给日军以重创的一次战役。

在这里，掀起了抗日救亡群众运动的高潮。武汉会战粉碎了日军速战速决的军事企图，迟滞了日军的战略进攻，中国人民的抗日战争进入战略相持阶段。湖北地区中国共产党领导的敌后抗战武装迅速发展，并逐步成为抗日战场的主体力量和民族抗战的中流砥柱。武汉抗战时期的湖北是全国抗日救亡群众运动的中心。以中国共产党领导的中华民族先锋队为代表的近百个救亡团体在武汉成立，以长江局机关报《新华日报》为先导的30多种救亡报刊投入抗战宣传，把全国抗日救亡群众运动推向高潮。抗战中后期，以湖北地区为主体发展起来的新四军五师及鄂豫边区抗日民主根据地，在整个华中抗日根据地中，地盘最大、人数最多，是由中共中央军委直接指挥的独立战略区，是中国抗日战争中一个有特色的敌后战场，是中国共产党长期坚持敌后抗战并夺取最后胜利的主要战略区之一。

三、解放全中国的红色沃土

解放战争时期，经历了与国民党及其军队的博弈较量，在抗日战争中迅猛发展的人民军队，此时已经获得了与国民党一较高下的力量。中原大战一触即发，以湖北地区为重要根据地的中原军区部队胜利突围，拉开了全国解放战争的序幕。刘邓大军千里挺进大别山，在湖北及其相邻地区建立、发展解放区，实现了人民解放战争由战略防御到战略进攻的伟大转折，湖北由此成为人民解放战争的胜利基地。解放战争期间，湖北地区是人民军队进行战略相持、与国民党军队进行战略决战的重要战场。

在这里，为粉碎国民党的封锁进行了中原突围，打响了解放战争的第一枪。抗日战争胜利后，武汉成为国民党军从大后方进军华东、华北和东北的战略枢纽。为了抢夺抗战胜利果实和部署进行内战的兵力，蒋介石调集了20多个师，加紧包围和蚕食中原解放区，并先后占领鄂中、襄西、鄂东、鄂南、豫中、豫西等地，企图消灭中原军区的部队，打通国民党军向华东、华北和东北进军的通道。1946年6月26日，蒋介石撕毁国共双方于1月间达成的《停战协定》，以郑州“绥靖”公署主任刘峙指挥10个整编师、30余万人的兵力，首先对中原军区部队发起大规模进攻，致使全面内战爆发。中原军区遵照中共中央军委的指示，为了保存力量，争取主动，除以一部分武装分散坚持游击战争，牵制敌人，掩护主力转移外，主力在军区司令员李先念、政治委员郑位三等军区领导的率领下，于6月底分两路向西突围。中原军区部队的成功突围，打破国民党军苦心经营半年之久的封锁和包围，胜利地完成了战略转移的任务。这一行动不仅粉碎了蒋介石企图消灭中原军区部队的企图，而且牵制了国民党军30多个旅的兵力，并将其大部调往豫西、陕南，从战略上有力地配合了其他解放区的作战。

在这里，千里挺进大别山揭开了人民解放军的战略进攻的序幕。1947年6月3日，毛泽东和中央军委电令刘伯承、邓小平晋冀鲁豫野战军主力积极准备于6月底突破黄河挺进中原。6月30日，刘伯承、邓小平率领晋冀鲁豫野战军主力4个纵队12万余人，对敌军从山东到陕北的大哑铃形阵势实行中央突破，在鲁西南张秋镇至临濮集间，一举突破天险，强渡黄河，揭开了人民解放军战略进攻的序幕。这时，还没有完全粉碎敌军重点进攻，我军在兵员数量和装备不占优势的情况下实行战略进攻，这是中共中央充分估计了影响战争的各方面的条件而采取的一个英明的决策。刘邓大军渡河后随即发起鲁西南战役，歼敌9.5个旅，共6万余人；接着向南实行无后方的千里跃进，至8月27日，刘邓大军已全部渡过淮河，完成了挺进大别山的任务，像一把利刃插进国民党军的战略纵深。此战是解放战争的一个伟大转折，在各解放区军民的策应和后面两路大军的配合下，直捣国民党军统治的大别山区，创建了大块革命根据地，威胁其首都南京和武汉两大重镇，为转入全国性的战略进攻奠定了基础。

在这里，“打过长江去，解放全中国”。“打过长江去，解放全中国”，黄冈市团风渡江战役纪念馆青灰色外墙上，10个鲜红大字，至今激荡人心。1949年5月中旬，中国人民解放军第四野战军在湖北团风至武穴100多公里的长江沿线，强渡长江，锋芒直指武汉三镇。“武汉的解放，既没有经过战争，也没有谈判。”第四野战军第12兵团司令员兼政治委员肖劲光率领的解放军118师到达黄陂滠口时，已做好强攻汉口的准备，而另一路解放军40军153师，在团风至武穴一线，也准备包抄武昌。国民党设在武汉的“华中剿匪总司令部”长官白崇禧作好了放弃武汉的军事打算，准备撤退至湖南、广西。5月13日，时任国民党华中军政长官公署副长官兼第十九兵团司令官张轸秘密来到武昌，劝说国民党军第五十八军军长鲁道源一同起义。鲁道源不但不听，还偷偷向国民党军参谋总长顾祝同告了密。第二天，白崇禧约见张轸，出示了顾祝同关于“扣押送广，从严法办”的电令，下令扣留了张轸，并要求张轸打电话通知师长以上军官第二天来开会。情急之下，5月15日凌晨，张轸率部5个师约2.5万人，在武昌以南的贺胜桥、金口一带宣布起义，给国民党的守卫武汉计划以致命一击。眼见败局已定，当天下午，时任国民党华中军政长官的白崇禧弃城而逃，形成“真空”后，解放军和平进驻，于是出现了解放战争史上特有的兵不血刃和平解放武汉。

延伸阅读 2

辛亥革命为何在武汉首义和首胜

湖北共进会旧址、工程第八营旧址、起义门、武昌起义军政府旧址、黄兴拜将台遗址、辛亥铁血将士公墓……作为辛亥革命武昌起义的发生地，江城武汉留下了极为丰富的辛亥印记。7月10日，湖北日报全媒记者来到这些旧址、遗迹瞻仰，聆听历史的回响，感受铁血英雄气。

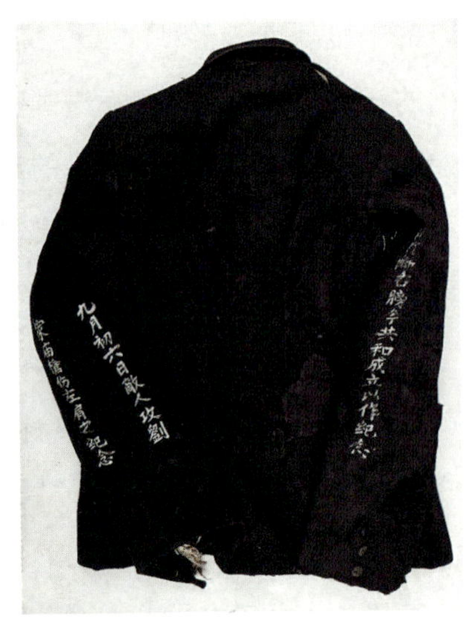

黄祯祥血衣（一级文物）

1911年10月10日，武昌城头枪声一响，拉开了中国完全意义上的近代民族民主革命的序幕。在辛亥革命博物院，《为天下先——辛亥革命武昌起义史迹陈列》全景式地介绍了武昌起义的经过、各省响应和中华民国成立的历史。一组首义人物群像，凸现了普通人在武昌起义中的作用；武昌起义形势图、革命军使用的大刀、鄂军政府大都督印、《鄂州约法》、孙中山讲话录音等展品资料，使那段峥嵘岁月真实可感。

江汉大学城市研究院院长涂文学教授曾对“辛亥革命为什么在武汉首义和首胜”做过专题研究。他称，首先，武汉具备了城市革命所需要的相应的背景，作为资产阶级革命必须具有较为发达的近代工商业、较为发达的近代教育文化事业、较为成熟的市民阶层。具体而言，当时的武汉，作为对外开放和洋务运动后起的城市，工业实力迅速跃居全国前列，工厂总数和某些经济指标曾一度超过上海。武汉是中国内陆最大的对外贸易口岸城市。武汉成为全国新式教育的中心和两湖地区的文化中心，是近代新思想的策源地，

“文化湖北”“文化武汉”异军突起。其次，张之洞督鄂18年实施“湖北新政”，建工厂、兴教育、办市政、练新军，结果种豆得瓜，武汉因之成为推翻清王朝的“首义之城”。孙中山曾诙谐地称，“张之洞是不言革命的革命家”。再次，辛亥革命之所以一举成功，除了天时、地利等客观因素，更与湖北革命党人以“敢为天下先”的精神矢志不渝、艰苦卓绝的革命斗争直接相关。同时湖北革命党人的革命宣传、民众动员鼓动卓有成效，广大市民踊跃支持革命。

辛亥革命不仅颠覆了清王朝，而且推翻了两千多年的专制帝制。武昌起义后建立了具有资产阶级共和性质的中华民国军政府鄂军政府，颁布了具有资产阶级宪法性质的《鄂州约法》。涂文学称，“这不仅在中国甚至整个亚洲都首开先河，因此，武汉是中国乃至亚洲迎来民主共和第一道曙光的城市。”

辛亥革命博物院院长魏德勋介绍称，对辛亥革命首义之地武汉，中国革命的先行者孙中山先生给予高度评价。孙中山在辞去临时大总统后到访武汉期间，凭吊烈士，与武汉各界互动，发表了多次演讲与谈话，表彰“武汉首义”之功，对复兴武汉进行规划等。

历史风云留下铿锵回响，如今，在武汉三镇有40余处辛亥革命旧址、遗迹、纪念设施展，如同一部立体的辛亥首义史，带我们感受首义之城的荣光。尤其是汉口有中山大道，武昌有中山路，一座城市中还有三座孙中山广场雕像，在全国并不多见。

涂文学还称，长江流域是中华民族的摇篮，中游的武汉地区曾是古人类活动的活跃区域。武汉拥有约3500年的建城史，经城邑时期到郡县时期的发展，自三国以降，既是兵家必争之地，又是商贾往来、士民聚居的通都大邑。明成化年间汉水改道，汉口迅速崛起，清初即跻身全国“四大镇”之列。19世纪60年代汉口开埠，清末张之洞“湖北新政”，武汉进入近代都会时期，工商业发展规模“驾乎津门，直追沪上”。正由于近代文明的积淀、蕴蓄，武汉遂成为辛亥首义之区。“同时，辛亥首义、首胜，进一步奠定了武汉在中国近代上的重要地位，辛亥首义精神也成为‘敢为人先，追求卓越’的武汉城市精神的重要源头。”

选自2022年7月13日《湖北日报》

作者：海冰 段君峰 张宗凯

延伸阅读3

毛泽东同志为武汉写过《菩萨蛮·黄鹤楼》

菩萨蛮·黄鹤楼

茫茫九派流中国，沉沉一线穿南北。
烟雨莽苍苍，龟蛇锁大江。
黄鹤知何去？剩有游人处。
把酒酹滔滔，心潮逐浪高！

1927年，大革命失败前夕，心情苍凉，一时不知如何是好。这是那年的春季。夏季，八月七号，党的紧急会议，决定武装反抗。从此找到了出路。

1927年，当时正值第一次国共合作取得节节胜利之时，蒋介石在上海发动四一二反革命政变。汪精卫在武汉也阴谋分裂叛变，积极反共，而中共的领导人陈独秀却对汪精卫还心存幻想，排斥毛泽东等人的正确主张，革命事业危机四伏。此时的毛泽东心急如焚，深感忧虑，心情苍凉压抑，一个阴雨蒙蒙的日子，面对滔滔的江水，心潮起伏，写下了这首饱含忧患意识的作品。

延伸阅读 4

血染的红安

1932年7月初，红安独立第一师配合红军出击，参加围攻麻城的行动。7—8日，在红石堰、七里桥一带全歼敌三十九师九十三旅，生俘敌旅长章祖卿及以下官兵2000余人。7月中旬，红安独立第一师奉命南下，继续配合红军打击麻城南部敌军。27日，在李家集击溃敌军两个旅，缴获枪支六、七千支。这时，敌军卫立煌纵队和陈继承纵队，分别从孝感花园和广水两地向红安进逼，来势凶猛。

苏区反“围剿”的主要战场摆在红安。红安独立第一师独当一面，在高桥地区将汤恩伯八十九师击退。12日，红安五区赤卫军配合独立第二师和红军少共国际团在贺家河、平顶岭、郭家洼一带与敌激战，歼敌一部。

13日，红安城失陷。14日，七里坪亦被敌军占领。红安独立第一师立即跟随红军主力赶赴七里坪地区，打击陈继承部。当地群众，全力支援红军，从田间选择早熟的稻谷，现收现打，给红军部队食用，并将留着的麦种拿出来，供作军粮。红军指战员深受感动地说：“吃群众一粒米，就要消灭一个敌人！”

15日拂晓，陈继承纵队向红军阵地发起猛烈攻击。红安独立第一师奉命同少共国际团据险扼守，配合红军向敌反击。指战员们冒着炮火和飞机轰炸，与敌展开肉搏战。敌军不支，全线溃退。

在这一系列的战斗中，红安军民也付出了沉重的代价。红安独立第一师伤亡200余人，赤卫军、游击队伤亡400余人。先后在红安战场上牺牲的红安籍团以上的干部就有10余人。独立第一师第三团政委晏高寿、红军第三十团政委董德宏、红军第三十五团团长高绍先、红军第十二师政治部主任张世海、红安独立团团长匡继学、红军团政委张家凯等都是红安人，他们的鲜血都洒在了红安这块红色的土地上。

抗日战争爆发后，日本侵略军突破大别山防线，于1938年9月1日出动飞机18架次，轰炸红安城。仅27日，日军从宋埠、歧亭进攻红安城。“一日竟毁70余村，葬身火窟者达五六千人，至于什物、粮食、牲畜之损失，诚不可以数计。”日军的进犯，红安全县共烧毁房屋6442间，折毁民房800余间，日军每到一地，逢人便杀，若遇妇女，先奸污，后杀死。全县死难群众10394人，其中妇女3051人。

在这国土沦丧、政局混乱的情况下，红安县党的组织为保护群众，挽救危局，积极组织群众，打开了抗日局面，开辟了县南、县北两个战场。吴彩藻、徐锡煌抗日游击队与国民党安北自卫队联合袭扰进占七里坪的伪军，经过月余周旋，伪军不得不撤出七里坪。接着，县南、县北，以及一些乡村，燃起了熊熊的抗日烽火，全县人民行动了起来，掀起了抗日高潮。先后建立起了安礼边、安麻、陂安南等抗日根据地。经过艰苦卓绝的斗争，夺取了红安抗日战争的最后胜利。

解放战争时期，1947年，刘邓大军千里跃进大别山。10月3日，进入红安七里坪。4日凌晨，中原独立旅在红安游击队的配合下，攻打红安城。经过激烈战斗，共击毙敌人100余名，生俘官兵400余名；缴炮5门，轻机枪30余挺，高射机枪1挺，枪390余支，各种炮弹300余发，电台2部，为刘邓大军向东南挺进铲平了道路。

选自2003年第3期《党史天地》，选用时有删减

作者：胡中秋

1919年，湖北电力工人走进港口，走上街头，声援五四运动。1921

年，汉口既济水电公司有了识字班。1922年，湖北第一名电力工人入党。1923年，湖北电力工人声援二七大罢工。1926年，汉口既济水电公司有了党支部……在中国共产党的领导下，湖北电力工人同其他产业工人一道，为推翻“三座大山”的剥削压迫进行了艰苦卓绝的斗争。新中国成立以来，一代代湖北电力人筚路蓝缕、开拓奋进，创造了中国电力史上一大批“首个”“第一”，取得了突出成就，为中国的现代化建设奠定了坚实基础，提供了能源与动力。红色基因贯穿在湖北电力事业发展的漫长征途中。新时代以来，国网湖北电力人始终牢记习近平总书记的殷殷嘱托，弘扬红色文化，用好红色资源，为红色国企铸魂，建筑起了鄂电人的精神家园。

一、弘扬红色文化

党的十八大以来，习近平总书记站在中华民族永续发展、中华文明永续传承的战略高度，深入思考文化传承发展的重大命题。2021年6月，中共中央政治局就用好红色资源、赓续红色血脉进行第三十一次集体学习，习近平总书记在主持学习时强调：“红色资源是我们党艰辛而辉煌奋斗历程的见证，是最宝贵的精神财富。”“红色血脉是中国共产党政治本色的集中体现，是新时代中国共产党人的精神力量源泉。”殷殷期待、谆谆嘱托，情深意厚、隽永绵长。

第一，提高政治站位，牢记红色江山来之不易，要倍加珍惜并着力弘扬红色文化。2022年8月16日，习近平总书记在考察辽沈战役纪念馆时亲切会见了老战士老同志和革命烈士亲属代表并强调：“红色江山来之不易，守好江山责任重大。”红色文化是红色基因的外在显化，既有物质的，也有精神的，来自中国共产党人在革命、建设和改革奋斗中的梦想与追求、牺牲与奉献、情怀与担当，其形成始终与党的“不懈奋斗史”“不怕牺牲史”“为民造福史”高度契合。新时代以来，中国共产党领导中国人民赓续红色血脉，传承红色基因，弘扬红色文化，把中国特色社会主义事业推向新的阶段，为中华民族伟大复兴持续奋斗。因此，习近平总书记多次指出，“要深刻认识红色政权来之不易，新中国来之不易，中国特色社会主义来之不易”，并强调新时代要弘扬红色文化。

第二，提高政治站位，牢记红色文化的核心要义在于坚持党的全面领导，要始终坚定捍卫“两个确立”，坚决做到“两个维护”。习近平总书记多次强调：“中国特色社会主义最本质的特征是中国共产党领导，中国特色社会主义制度的最大优势是中国共产党领导，中国共产党是最高政治领导力量，坚持党中央集中统一领导是最高政治原则。”坚持党的领导、加强党的建设，是国有企业的“根”和“魂”，是国有企业的独特优势。红色是国企的底色和本色，只有不断擦亮本色，才能够发挥国有企业服务社会、服务发展的职责，保持国企的底色不变。用红色精神滋养初心、淬炼灵魂，凝聚起磅礴力量，走好新时代长征路，推动国有企业高质量发展行稳致远。

第三，提高政治站位，实施“红领党建”工程，将红色基因深植于队伍建设。国网湖北电力党委认真学习习近平总书记关于国有企业党的建设、传承红色基因等方面的重要论述，持之以恒强党建、强作风、强队伍，有效激活高质量发展内驱力，并将其融入“务实争先”的国网湖北电力文化，开展“务实争先”弘扬行动；把革命时代电力工人的英勇斗争、新时代电力企业创造的伟大成就连接起来，形成红色文化与企业文化的互通互融，在总结企业发展历程中具有独特印记的争先文化、在广大员工当中厚植争先基因过程中，不断把红色基因深植于其中，始终赓续红色血脉，用党的奋斗历程和伟大成就鼓舞斗志、指引方向，用党的光荣传统和优良作风坚定信念、凝聚力量，用党的历史经验和实践创造启迪智慧、砥砺品格，从而让国网湖北电力企业文化始终保有历史底蕴、红色基因和政治标准，把革命先烈流血牺牲打下的红色江山守护好、建设好，努力创造不负革命先辈期望、无愧于历史和人民的新业绩。

二、用好红色资源

习近平总书记指出：“革命博物馆、纪念馆、党史馆、烈士陵园等是党和国家红色基因库。要讲好党的故事、革命的故事、根据地的故事、英雄和烈士的故事。”国网湖北电力高度重视红色资源的保护，通过建好红色阵地、讲好红色故事、开展红色教育，不断强化红色资源的建设和利用。

第一，建好红色阵地，更好地保护红色资源。发挥湖北省红色资源富集优势，建成电力博物馆和一批文化展馆，用珍贵的史料和英雄事迹生动彰显电力精神。2012年起，国网湖北电力本着“留存信史、资制当世、和顺百业、教化万方”的宗旨，对英商汉口电灯公司旧址进行修复和改造，将其改建为一座承载见证湖北电力百年发展历史的专题性博物馆。博物馆自建成以来，接待参观观众超过16万人次，被评为中央企业工业文化遗产和中央企业、湖北省爱国主义教育基地。黄龙滩发电厂电力科普馆和企业文化馆，生动再现“三线建设”时期电力建设大会战的动人场景和半个多世纪的奋斗历程，为电力精神写下精彩的湖北注脚，获评湖北省爱国主义教育基地。国网湖北电力还建成湖北省行业系统首家新时代文明实践示范基地和一批所/站，成为湖北对外展示电力精神的重要窗口。

第二，讲好红色故事，传播好电力精神。国网湖北电力人深知红色基因所蕴含的丰富内涵和时代价值，采用多种形式再现、传承、弘扬红色故事背后的红色精神和红色文化。湖北省电力博物馆积极开展口述历史征集活动，先后走进青山电厂、清江电厂等发电企业，共计采访当事人、当事人后代70余人，留下采访记录近50万字，影像资料2000多分钟，先后出版《鄂电百年：透过文物看历史》《鄂电百年：透过历史看发展》等书籍，进一步传承电力精神。在传播红色文化方面，国网湖北电力以湖北省理论宣教优秀新媒体“红领先锋”微信订阅号为示范，借助权威媒体、主流媒体，依托各类新媒体平台，全方位、立体化开展电力精神主题传播。举办“红色基因 鄂电传承”主题情景微党课，组建公司“红领”志愿宣讲团，激励引导职工群众争当红色文化的传播者。

第三，办好红色教育，用好红色基因库。2021年，在建党100周年之际，国网湖北电力组织广大党员参观黄麻起义纪念馆、八七会议旧址等地，缅怀革命先烈，体悟红色江山来之不易，坚定赓续红色血脉、传承红色基因、弘扬红色文化的信念与行动；策划举办“百年风华 红色印记”专题展览，定格109个党的历史和湖北电力工业发展史的重要时刻，生动呈现中国共产党领导下湖北电力工业发展的百年不凡历程；绘制“旗帜领航 红色印记”红色教育地图，精心制作完成10集“红色印记耀荆楚”情景党课，以在湖北红色教育场馆实地讲座的方式，生动再现湖北“28年红旗不倒、22年武装斗争不断”的动人故事和“红色基因 鄂电传承”的生动实践，有力地推动了电力精神进基层、进班组、进头脑。

三、为红色国企铸魂

百余年来，我国电力工业创造了举世瞩目的成就，也积淀了宝贵的精神财富，凝结出了“忠诚担当、求实创新、追求卓越、奉献光明”的电力精神。这是以伟大建党精神为核心的中国共产党人的精神谱系在电力领域的精彩呈现，是激励一代代电力人拼搏奉献、追求卓越的强大精神动力。作为国有大型企业，国网湖北电力深入学习贯彻习近平总书记关于弘扬伟大建党精神、赓续传承红色基因的重要论述，践行电力精神，突显央企担当，推动党的电力事业不断向前发展。

第一，坚持旗帜领航，守牢精神之“脉”。习近平总书记强调，红色基因就是要传承。我们要不忘初心，永远不可迷失了方向和道路。国网湖北电力始终坚持旗帜领航，通过打造“红领党建”品牌，强化政治引领。全面重塑红领党建体系，实施铸魂工程、赋能工程和育才功能等六大工程，将传承弘扬电力精神作为红领党建的重要内容，探索和打造了“红领宣讲”“红领网格”“红领印象”特色经验；通过深化理论学习、理论宣传、理论教育、理论研究的“四位一体”理论武装工程，深入学习贯彻习近平总书记关于国有企业党的建设、能源电力、改革发展的重要论述精神，教育引导广大干部员工深刻领悟“两个确立”的决定性意义，坚定捍卫“两个确立”，坚决做到“两个维护”，争做能源强国建设的坚定践行者、电力精神的坚定传播者；通过系统梳理践行电力精神的特色实践案例，总结凝练鄂电铁军精神、跑山电工精神等精神成果。这些精神成果，为电力精神历久弥新、持续焕发强大生机和活力提供了生动注脚。

第二，坚持价值引领，树立精神之“标”。习近平总书记强调，一种价值观要真正发挥作用，必须让人们在实践中感知它、领悟它，达到“百姓日用而不知”的程度。国网湖北电力党委充分发挥价值导向作用，通过建榜样森林、建竞技擂台、树担当标杆等方式，激励引导干部员工争做电力精神的传承者、弘扬者、实践者。首先，建榜样“森林”，不断健全完善“鄂电群英”典型选树宣传工作机制。通过举办专题片、发布会、事迹报告会等多种形式，使先进典型可学可做、可追可及，让电力精神看得见、摸得着，推动学习先进典型、弘扬电力精神蔚然成风。其次，建竞技“擂台”，广泛开展职工技能运动会、全面质量管理、劳动竞赛、“班组长论坛”等活动。通过设立创新奖、安全奖和落实劳模荣誉疗养制度等方式，强化对员工创新创效、技能提升等方面能力品质的激励约束，推动员工在鲜明的制度导向下，自觉传承弘扬电力精神，奋力求实创新、追求卓越。再次，树担当“标杆”，抓住“关键少数”。把践行电力精神作为检验干部作风的重要标尺，完善干部人才评价体系，突出“四有三为”，着力选拔一批忠诚担当、务实作为、服务为民的好干部。将弘扬电力精神与开展主题教育“优作风、塑文化”专项行动结合起来，引导党员干部开展深化作风建设大讨论，带头讲授专题党课，真正做到一级做给一级看，一级带着一级干，以优良作风和实际行动传承弘扬电力精神。

第三，坚持融入融合，激发精神之“力”。习近平总书记强调，让信仰之火熊熊不熄，让红色基因融入血脉，让红色精神激发力量。国网湖北电力党委牢记“国之大者”，将传承弘扬电力精神凝练成企业文化，融入企业使命、融入大战大考，规范专业管理和员工行为，激发高质量发展的强大动能。通过深入挖掘“忠诚担当”“求实创新”“追求卓越”“奉献光明”等精神特质在公司各专业领域的实践要求，以务实争先文化为主题，先后发布《安全文化手册》《服务文化手册》《执行文化手册》等一系列文化成果，明确了各领域专项文化的价值理念、落地路径和行为指引，形成了安全、服务、廉洁、执行等国网湖北电力文化谱系；通过聚焦电力保供、落实“双碳”行动、实施“电靓和美乡村”三年行动，切实增强人民群众的获得感、幸福感、满意度；创造了1000千伏特高压带电作业等多项世界第一，开启了湖北迈向特高压时代的新征程；在藏中联网工程建设主战场，鄂电铁军书写了“缺氧不缺精神”的电力传奇，谱写了践行电力精神的动人音符。

延伸阅读5

刘英源——电力工业战线上的“老英雄”

刘英源（1898—1978），中共党员，河北省阜城县人。1946年4月，哈尔滨解放后，他担任发电厂机修主任，在敌人封锁和哈尔滨断电的情况下，带领工人将工厂仅有的材料凑起来，修好了三台小型发电机，解决了首脑机关和重要工厂的用电。后来又反复试验，改造成一部完整的大型发电机组，并投入运行，基本缓和了哈尔滨市电力紧张的局面，在当时东北解放区是创举，刘英源的名字轰动了全东北。1947年在哈尔滨市第三届劳模大会上，他当选为特等劳动模范。东北电影制片厂以此为素材拍摄了故事片《光芒万丈》。同年3月1日加入中国共产党，9月15日任长春发电厂副厂长。1948年长春解放后，任长春发电厂厂长。1950年3月，任北京石景山发电厂厂长。同年参加全国工农兵劳模大会，当选为全国劳动模范。曾为第一届全国人民代表大会代表，中国人民政治协商会议第一届、第四届、第五届全国委员会委员。先后当选为劳动英雄、特等劳动英雄，是长春市第一位全国劳动模范。

选自2022年9月8日喜马拉雅平台

延伸阅读6

探寻百年建筑背后的故事

汉口英租界，一座米白色钟楼尤为显眼，优雅中透着古朴，充满了历史气息。

这里是始建于1905年的湖北公用电事业的发源地——原“汉口英商电灯公司”旧址。这里曾是全国最大的直流发电厂所在地，汉口夜晚的第一束生活用电灯光也从这里发出。2012年，国网湖北省电力有限公司将其修复改造为湖北省电力博物馆。

如今，这座老建筑已走过了近120年历史，是湖北电力工业史的重要见证，传承着武汉电力发展的重要记忆。

湖北省电力博物馆位于湖北省武汉市江岸区合作路22号，是全国重点文物保护单位。博物馆现有馆藏品10000余件，其中，国家一级文物12件、二级文物39件、三级文物258件，具备文物展示、历史研究、科普教育、文化交流等多种功能，是承载和见证湖北电力百年发展历程的专题性博物馆。该馆被评为中央企业爱国主义教育基地、全国科普教育基地，获中央企业工业文化遗产等荣誉。

一颗“大铁砣”见证湖北电力工业重要历史

湖北省电力博物馆陈列的武昌最早的民营电厂800千瓦汽轮发电机转子

你见过百年前的发电机吗?这个大铁砣就是。

这个锈迹斑斑的铁砣，被称为“发电机心脏”，也是博物馆的“镇馆之宝”之一。它长2.4米、高1.45米，重约2吨，是武昌最早的民营电厂800千瓦汽轮发电机的转子，也是目前国内唯一一个保存相对完整的百年大型汽轮发电机转子。

这件珍贵的历史文物，还真是命运多舛。

1938年，为了阻止发电设施落入日军手中，国民政府军队对未能及时撤离的发电设施进行了爆破摧毁。在这场爆炸中，一个转子被废墟掩埋，意外得以保存。

2012年，国网湖北电力安排人员从武昌紫阳湖公园中将其打捞上来，并收藏在电力博物馆，使得这个转子再次展现在世人面前。

一本影集　记录全国首座跨江塔的前世今生

湖北省电力博物馆里珍藏了一本影集，里面的照片记录了1958—1960年期间，中国首个跨越长江的高压输电线路工程——110千伏珞锅线建设施工时的情景。

今年90岁的湖北武汉供电公司退休职工刘金阶，是珞锅线长江大跨越工程的建设者。该工程建成时，电压等级和跨越高度均为亚洲第一。

1958年，正值青年的刘金阶，来到了大跨越工程的施工现场。

110千伏珞锅线建设施工时的情景

“当时立起了一百多米高的铁塔架，但塔顶的‘翅膀’还没有接上去。”组织上把装建“北岸过江塔扒杆”这个异常艰巨的任务交给了刘金阶。他回忆道：“我揪着一根绳子，把塔一蹬，就飞过去了。”

1960年，工程竣工，许多人从很远的地方来到跨江塔附近拍照留念。

塔下面有一个电塔村。“这里原来不叫电塔村，而叫中营寺。附近有一座寺庙，1949年失火烧掉了。1960年有了电塔以后，就改叫电塔村。”该村一位村民回忆，跨江塔建设时来了不少施工人员，有的还住在村民家里。那个年代缺少机械，靠着人工和小推车，建设者们硬是挖出了12米深的基坑。

跨江塔建成后，不仅成为当时亚洲第一高的电塔，也成了村民们生活的一部分。

选自2024年6月25日“电网头条”公众号

作者：李涵颖

第二章

追溯红色记忆：

鄂电红色基因的发荣滋长

习近平总书记指出："一切向前走，都不能忘记走过的路，走得再远、走到再光辉的未来，也不能忘记走过的过去，不能忘记为什么出发。"

伴随着近代中国工商业发展诞生的湖北电力工人，是先进生产力的代表，同时又是较早觉悟的工人阶级。从参与早期工人运动到大革命时代的洗礼，从抗日战争时期的民族救亡到解放战争时期的保产护厂，在每一个历史阶段，湖北电力人都站在时代前沿，挺起民族脊梁，留下可歌可泣的动人故事，镌刻出赤诚不渝的红色基因。

第一节 红色基因的孕育：早期工人运动中的湖北电力人

随着近代工业发展，湖北有了第一批电力工人。他们集中在电力这个新型产业中，此时的中国，正被列强侵略，人民正在受苦受难。这些电力工人，在为个人谋生存的同时，也为民族谋未来，他们因此自然地投入到革命的洪流中。

一、走在前列的湖北电力人

早期的湖北电力工人

工业时代的发展史，是一部文明进步的宏伟篇章，是新和旧的标志性跨越。然而，对于生活在其中的无产阶级工人来说，经历的却是一段受尽剥削、压迫的岁月。作为工人阶级的一部分，湖北的电力工人也不例外。

湖北电力工人队伍是在湖北电力事业兴起之后发展起来的。1861年，汉口开埠以后，各国租界内开始引进和使用电力照明，各个工厂雨后春笋般地出现，电力伴随这些工厂的兴建逐渐发展开来。

湖北电力事业的开端，起始于1893年。这年1月7日，清政府在武昌创办的湖北织布官局（位于今武汉音乐学院滨江校区）内，点亮了1140盏电灯，用于工厂的生产照明。

汉阳铁厂是湖北织布官局后，武汉第二家用上动力电的工厂，那一年，是1894年。铁厂的电机房里，也有一批电力工人。之后，湖北枪炮厂、湖北纺纱局等官办工厂，以及外国一些厂商如俄商汉口顺丰砖茶厂、英商合记汉口分公司等，也陆陆续续地建起了各自的自备电站。最早一批的电力工人队伍，就是这些自备电站的从业人员。

电力在湖北的渐渐兴起，使得湖北电力工人队伍也慢慢壮大。1906年英商成立的汉口电灯公司，从一开始有30名员工，发展到后来有100多人；汉口既济水电公司从一开始的165名工人，发展到1000多人；1907年，汉口德商创办的美最时电厂有员工30多人；1913年，武昌竟成电灯公司有员工10余人。此外，在黄石、武穴、宜昌、江陵等地的电厂，也有电力工人，人数不等。

这些工人大多来自湖北、湖南和河南，也有部分来自浙江、广东、安徽，后者多为技术工人。他们来到电厂，只为能在乱世中求得一席生存之地。然而，在这些电厂中，无论是工作还是生活，工人们的遭遇都比较凄惨。

劳动条件差，是当时湖北各电厂工人普遍存在的问题。武昌电灯公司、武穴光明电灯厂、监利县朱家河焕新电灯公司等电厂，距江河数百米或千米以上，所需发电用水全由工人挑运。工人们日夜不停地将水挑进厂内。有的挑水工人劳累成疾，要求请辞长假，资方不仅不允，反而送警拘押，并强迫复工。电厂煤炭运进，煤渣送出，也全是人工进行。汉口既济水电公司一天烧几百吨煤。这些煤由运煤工人两人一组，一条扁担、一只大箩筐，不停地从堆煤场抬到锅炉房；又由锅炉工人一锹一锹送进炉膛。如此日复一日，年复一年，必要的劳动保护用品基本没有。运煤工人抬着200多斤的煤炭长年

1893年，湖北织布官局里产生了第一批湖北电力工人

奔波在煤渣路上，以致许多人的脚板、双肩经常被磨得血肉模糊。出灰工人在没有保护的情况下，弯腰钻进炉排下面，用一根木柄大铁铲将灰渣掏出来。带着火苗的灰渣如雨点飞下，落在工人们的头上和身上，工人们无奈，只得事先将衣服打湿，戴上草帽，再去掏灰。

工人们待遇菲薄，生活艰难。有的工人长年把电厂锅炉房铁栅走道作为栖身之地，戏称为住“铁路饭店”。

湖北电力工人的革命性和斗争性就是从这样的环境中萌芽的。他们在各个重要历史时期所进行的可歌可泣的斗争，以及对中国革命所作的贡献，充分证明了这一点。

声援五四学子

1919年6月，地处长江北岸的湖北广济（今天的黄冈武穴市），声援北京五四运动学生的斗争如火如荼，罢工、罢课、罢市的同时，游行队伍冲到武穴港口码头，检验商标、查收日货，将没收的日货全部堆放于晒谷场当众焚毁。

群情激奋的队伍里，有一群电力工人，他们来自武穴光明电灯厂，高喊“打倒日本帝国主义！取消不平等条约……”的口号。

武穴光明电灯厂诞生于1918年。1919年春天，一个叫佘纪生的人入职武穴光明电灯厂，成为大车司机。几个月后，五四风潮席卷到武穴，佘纪生毅然率领电厂职工走上街头抗议示威，沉重打击了各帝国主义国家派驻武穴人员的嚣张气焰，有力声援了北京爱国学生。

作为“鄂东门户”，凭借武穴港的地理位置，武穴一度商贾云集，并诞生了黄冈地区第一家电厂。当列强撞开国门的时候，国外商船也乘机侵占武穴港。带着蒙受耻辱的愤懑，不难理解武穴人民对五四运动声援的格外卖力。而红色运动与湖北电力在武穴的融合，也显得十分自然。

同年5月6日，在武汉声援北京学子的游行队伍里，也有一群电力工人。在游行的同时，他们提倡购买国货，抵制日货。他们中间没有一个人留下姓名，但是，他们振臂高呼的身影，汇入那年武汉的浩大声势中，为共产主义运动在武汉的生根发芽，贡献了属于电力人的力量。

延伸阅读7

辛亥革命和反袁斗争中的武汉电力人

1911年，辛亥革命前夕，与共进会秘密机关俄租界宝善里14号一街之隔的汉口英商电灯公司内，公司技师黄恩良组织工人正在偷偷制作弹壳，准备送到宝善里填装炸药以支援革命党人。

黄恩良来自安徽怀宁，在工人中颇有威信。1911年4月，他结识了曾在日本留学、多次见到孙中山的同盟会会员熊晋槐，接受了推翻清廷、建立民国的革命道理，并积极向身边的工人宣传。

通过熊晋槐的介绍，黄恩良又与革命团体共进会的负责人孙武取得了联系，表示十分支持革命活动。有一段时间，共进会资金紧缺，黄恩良马上筹措捐助了大洋600元作为活动经费，使革命党人深受感动。

起义日期越来越近，革命党人十分繁忙，既要起草文件，刻制印信，又要外出联络，购置物品。有时忙到晚上不能回家，黄恩良看在眼里，急在心里，他灵机一动，索性让他们换上电灯公司工人的服装，悄悄在电灯公司住下。

武昌起义爆发后，清朝政府派兵“围剿”。清兵到达汉口后，一些军官住在循礼门旅馆。机灵的黄恩良利用各种机会在旅馆内收集清军情报，再将清军动态及时报告给革命军。

转眼到了1914年。这年秋天，为了讨伐袁世凯，孙中山派随从秘书丁红杰由沪到汉。为了帮助丁红杰，黄恩良密托电灯公司工匠穆世保、穆双保在法租界合昌机器厂定做土炸弹壳数千枚，并在电灯公司修配车间深夜加工，再由机匠梁启云等人秘密运到日租界革命党人张汉杰处配装。

1915年12月12日，袁世凯正式宣布帝制，湖北电力工人也积极投入到了反袁斗争的洪流。1916年2月，汉口英商电灯公司员工黄恩良、吴双柱、黄洋有、黄根深、袁世才等接受孙中山的联络员田桐和革命党人熊晋槐、潘怡如的委托，担任策反工作：黄根深、袁世才负责策反停泊江面的楚豫、楚才、楚义、楚有、飞鹰等舰的官兵，吴双柱、黄洋有策反汉口警察七署巡长陆翼仁；黄恩良联络汉阳兵工厂、汉口江岸机车工人，并策反湖北第四混成旅旅长刘佐龙的部队。预定2月17日夜举火为号共同起事，不料准备不周，仅武昌保安门内处举火，其余未动。后改期3月18日再行举事。当吴双柱、黄洋有再与警察七署陆翼仁联络时，不料陆已反水告密，并当场将吴、黄扣留，送往武昌督军署军法处羁押。随后湖北督军王占元加强了警戒，报纸上也登出了通缉革命党人的命令，以致起义未果。

此外，熊晋槐在汉口大智门开设汉昌电灯公司，以公司经营所得再加变卖家产，当掉獭皮大衣，充作护国运动中革命经费。

湖北电力工人配合革命党人在武汉策动反袁起义虽然失败了，但袁世凯在全国人民的怒吼声中，不得不于1916年3月宣布取消帝制。

武汉电力工人在辛亥革命中的英勇行为，受到革命党人的高度赞扬，被称颂“急公好义”，是革命的“有力助手”。

选自《湖北电力工人运动史》《辛亥首义回忆录》等，选用时有修改

注：武昌起义后，黄恩良被聘为湖北军政府高等顾问。1927年1月，黄恩良担任英商汉口电灯公司大班（经理）职位。曾任汉阳兵工厂厂长、武昌纱布丝麻四局主任委员。1929年去世。

延伸阅读8

湖北电力工运人物佘纪生

佘纪生，字裕喜，湖北省黄冈县人。1884年出生于工人家庭，9岁入上

海华胜纺织厂当童工，后在杭州、武汉等地纺织厂任钳工。1919年春，佘纪生进入广济县武穴光明电灯厂任大车（司机）。同年6月，五四运动反帝风潮席卷全国，佘纪生率领光明电灯厂的全体员工声援五四运动。

1927年1月6日，九江发生英国侵略者杀害中国人的暴行，九江人民忍无可忍，奋起夺回了英租界。英国侵略者为寻机报复，于11日派出军舰4艘，由九江溯江而上，驶至武穴江面，故意开足马力，制造事端，致使沿江40余只民船被浪击翻，10余人被淹死。惨案发生后，武穴的工、农、商、学1万余人举行反英示威大会，佘纪生率武穴光明电灯厂全体员工参加会议。会后停电3日，以示抗议。

1933年夏，国民党广济县县长周朗秋向武穴商民勒派“商铺捐”，武穴工商各界联合抗捐罢市。佘纪生同光明电灯厂的工人在厂门上贴上“苛捐扰民，被迫歇业”的通告，亦停电3日，以支持工商各界的行动，迫使周朗秋取消了这次“商铺捐”。

武穴解放后，佘纪生积极支持人民政府兴办电业。1949年冬，武穴各界筹建兴光电灯厂时，佘纪生主动出谋献策，担任技术指导，却不取分文报酬。1952年，兴光电灯厂扩建后，改名为武穴利群企业公司。佘纪生在该公司工作期间，不仅负责开车发电，而且还承担轧米、榨油、面粉等厂的安装工作。

1954年11月，佘纪生退休后，仍然积极发挥余热。广济县在兴修梅川、荆竹、仙人坝等水库及小水站建设中，均请他负责安装柴油发电机。他建议就地采用鹅卵石浇筑基础，从而使工期得以提前。

1956年以后，佘纪生先后被推选为广济县第一届政协委员和第二、三届政协常委。1963年5月因病逝世，终年79岁。

选自《黄冈电力工人运动史》，选用时有删改

二、工运风云席卷湖北电力

水电公司办起了工人识字班

1920年秋冬时节，江风把一丝丝凉意带到地处汉水之滨的汉口既济水电公司宗关水厂。气温在一天天走低，而这里一个叫“识字班”的房间内，热度却在步步攀升。这热度源自每到晚上，会有老师来教大家识字，并且讲一些“布尔什维克”“劳工”的新名词。从似懂非懂到一点点理解，工人们的热情被一步步点燃。

领头办夜校识字班的人中，有一个叫董必武。

1920年10月的一天，在武昌抚院街97号董必武寓所，武汉共产主义小组宣布成立。这是继上海、北京之后，全国成立的第三个共产主义小组。小组提出了“通过劳工教育、劳工组合、劳工俱乐部来提高工人的觉悟”的主张，并把平民夜校识字班办进了各工厂，传播新思想。

1921年11月，中国劳动组合书记部武汉分部成立，成为我党早期公开领导武汉工人运动的机关。汉口既济水电公司工作识字班便是在这样的背景下，在林育南、项英的指导下成立。

授课老师中，有武汉早期共青团组织吸纳的青年学子，他们把朝气、见解与学识带到汉口既济水电公司，让电力工人们如沐春风。识字班也培养了第一批接受马克思主义的湖北电力工人。

汉口既济水电公司诞生于1906年。这一年，卢汉铁路通车，川汉、粤汉铁路开建，正在汉口兴办实业的浙江商人宋炜臣在时任湖广总督张之洞的大力支持下，创办了这家水电公司。水电公司设在武汉一码头太平路（今江汉路）。水厂建在韩家墩宗关（今解放大道），电厂则设在大王庙襄河岸（今利济南路）。这是湖北地区民营的最早最大的公用水电厂。到1908年8月发电的时候，汉口既济水电公司共有人员238人，其中工人165人。

汉口既济水电公司

在识字班，原来许多一字不识的工人逐渐能看懂内容粗浅的书报，视野开阔了，精神振奋了，思想发生了变化。他们终于明白，只有团结起来，推翻维护剥削阶级的旧制度，走解放自己的革命道路，才能翻身做主人，斗出一个新世界来。

没有明晰的资料确证1920年的时候汉口既济水电公司有多少工人走进了识字班。但唯一可以确证的是，他们是武汉水电工人中最早接受马克思主义的一批人，后来成为领导汉口水电工人大罢工的中坚力量。

小小的识字班，为其后波澜壮阔的革命斗争积蓄着原始的力量，也为迎接更高的革命浪潮做好准备。

最早的湖北电力产业工会

1922年夏天的武汉，和酷热相伴的，是此起彼伏、波澜壮阔的罢工运动，革命的浪潮正席卷这座城市。

这年的8月30日，在汉口硚口所在的四明公所内，一场庄严的选举正在进行。随着选举结果的公布，湖北水电事业中的第一个工会组织——汉口既济水电工会成立。王福生当选为会长，另有6人当选为副会长。

从声援五四运动到参加夜校识字班，湖北电力工人伴随着那个觉醒的年代，一天天进步和成长。汉口既济水电工会的成立，把电力工人的先锋性用一个组织凝聚了起来。

数据显示，到1920年，湖北的农、牧、矿务各类皆蒸蒸日上，工矿企业达1000处以上，近代产业工人接近30万人，位居全国第二。他们中间，便有武汉、黄石、宜昌等众多电厂的一大批电力工人。

汉口既济水电工会的成立，使水电工人有了自己的“娘家”。值得提到的是，许白昊、项英等武汉早期工运领袖对汉口既济水电工会给予了格外的关心和帮助，中国早期工人运动杰出领导人、著名劳工律师施洋亲自担任汉口既济水电工会法律顾问。

汉口既济水电工会一经成立，便迅速在武汉第一次工人运动高潮中发挥了重要作用，他们参与了武汉工团联合会组织并联名向北京国会发出《劳动立法请愿书》。

1922年10月4日，汉口既济水电工会等工团联名声明：誓做扬子机器厂工人为支援粤汉铁路工人大罢工与要求增加工资而进行的罢工斗争的后盾。

1904年，汉阳钢铁厂发电机室

●水電工會之

1922年8月31日，《大汉报》报道汉口既济水电工会成立

当时《晨报》一篇文章这样描述：“此时武汉劳动界的潮流真如长江夏季水涨，奔腾澎湃，排山倒海而来。”而汉口既济水电工会，正是这股潮流中的一支强劲力量，在革命的浪潮中接受洗礼，在洗礼中成长。

10月10日上午，湖北全省工团联合会在汉口正式成立，汉口既济水电工会等全市23个工会团体及各界人士2.5万人在汉口大智路外广场召开庆祝省工团联合会成立大会。当天下午，汉口既济水电公司工友与粤汉铁路等处工友组成一队参与声势浩大的庆祝游行。游行队伍高举各工团旗帜，手持写有“劳工神圣”等的标语，沿途散发传单，齐声高呼“劳动者万岁！世界被压迫民族万岁！”等口号。

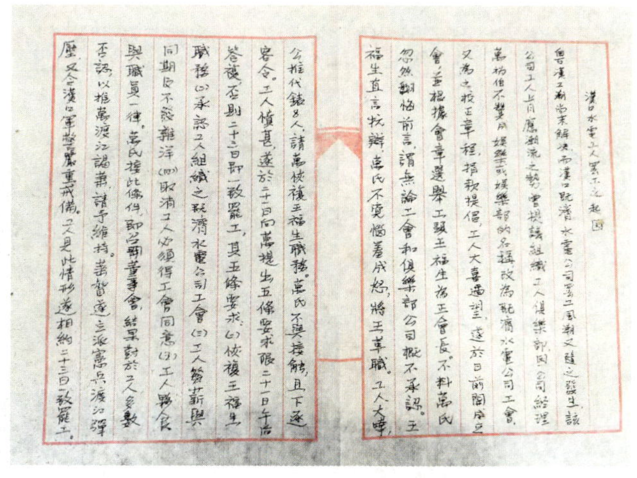

漢口水電工人罷工之起因

粤漢工潮尚未解決，而漢口既濟水電公司罷工風潮又隨之發生。該公司工人上月應潮流之勢，曾提議組織工人俱樂部，因公司經理萬栴伯不贊成娛樂或娛樂部的名稱，改為既濟水電公司工會，又為之校正章程，捐款提倡，工人大喜過望，遂於日前開成立會，並根據會章選舉工頭王福生為正會長。不料萬氏忽然翻悔前言，謂無論工會和俱樂部公司概不承認。王福生直言抗辯，萬氏不覺惱羞成怒，將王革職。工人大嘩，公推代表8人，請萬恢復王福生職務。萬氏不與接觸，且下逐客令。工人憤甚，遂於二十一日向萬提出五條要求，限二十一日午后答復，否則二十二日即一致罷工。其五條要求：(一)恢復王福生職務(二)承認工人組織之既濟水電公司工會(三)工人發薪與同期及不發雜洋(四)取消工人必須得工會同意(五)工人膳食與職員一律。萬氏接此條件，即召開董事會，結果對於工人多數否認，以推萬渡江謁蕭，請予維持。蕭督遂立派憲兵渡江彈壓，又令漢口軍警嚴重戒備。工人見此情形，遂相約二十三日一致罷工。

武汉工团联合会起草的《汉口水电工人罢工之起因》

19日，王福生等8大工团负责人和武汉工团联合会代表集会，向粤汉铁路局提出释放被捕工人等条件，声援粤汉工人罢工。

湖北第一次水电工人罢工

新生的汉口既济水电工会在蓬勃发展的同时，遭遇严峻挑战。

1922年8月。汉口既济水电工会成立之初，汉口既济水电公司经理不仅帮助校正章程，还捐款提倡，表现出十分积极的姿态。然而，工会成立后，经理突然反悔，表示“既济”二字是公司的商标，工人们不得冒用。

作为工会会长，王福生提出抗议。抗议不仅未成功，他还因为参与了粤汉铁路罢工的工潮，被公司开除。

这一举动在工人间引起轩然大波。面对激愤的工人，汉口既济水电公司资方对工人说：你们若能放弃组织工会，公司愿拿出现洋万元发给工人，工人还可停工3日，停工期间工资照发。

公司开出的条件不可谓不优厚，却被工人们一口回绝。

回绝了公司的条件，接下来怎么办？大家公推工人代表何泽生、朱桂生等8人，前往公司再度理论。然而，面对上门的工人，汉口既济水电公司资方不予接洽，并且下达了逐客令。

不能面谈，工人们只能提出几个条件：恢复王福生职务；承认工人组织之汉口既济水电工会；工人发薪与职员同期，不发杂洋；取消（开除）工人须得工会同意；工人伙食与职员一律平等。并且提出，这些条件需在当天午后答复。否则，将举行罢工。

汉口既济水电公司工人

面对工人们的要求，汉口既济水电公司一概拒绝，并请来兴业银行行长史晋生和水塔工程师黄琼初“调解”。汉口既济水电公司一边“调解”，一边暗中勾结湖北督军萧耀南派兵准备镇压，又派人率武昌造币厂和湖北督署电灯房工人30余人，准备随时接替罢工工人的工作。

9月23日，汉口既济水电公司工会发布紧急通告，向公众说明事实真相，并宣布与汉口既济水电公司脱离关系。

也是这天，宗关水厂部分技工率先罢工，汉口既济水电公司派英国技师费伯和水厂小工接替了这些工人的工作，如此一来，供水并未中断。

9月24日，汉黄镇守使杜锡钧派兵包围汉口既济水电公司大王庙电厂，并令湖北督署电灯房工人进厂准备接替发电工作。电厂工人也不甘示弱，他们拆下发电机铭牌以示抗议。接替工作终因电厂工人的反抗和督署电灯房工人无力承担大型机组的技术而未能实现。资方借助工厂被兵围困的强势，迫使工人复工。

事态胶着之际，武汉工团联合会站了出来。

10月1日，武汉工团联合会致书警告汉口既济水电公司：“贵厂工人顺应时之潮流，随全国各地工人之后，组织工会，既依合法之手段，复无越轨之行动，而且事前又复得执事之同意，何以将告成立之际，执事竟将会长王福生开除？”“为此警告执事，从速觉悟，允许工人的要求，恢复工人的原职，以为亡羊补牢之计，庶可无罪于天下。不然，是不听善言，甘为戎首，我全体工团将以适当手段对付执事。”

接到警告的汉口既济水电公司资方则利用各种手段来分化工人。

罢工斗争一波三折。虽然达到目的无比困难，但是在复杂艰苦的斗争中，工人们懂得了更深层次的思考，认识到革命的严酷性，并积累着斗争的技巧和经验。

支援京汉铁路等工人大罢工

1923年2月1日，京汉铁路工人在郑州普乐园召开京汉铁路总工会成立大会。汉口既济水电工会派出2名代表与湖北地区各工会代表130余人到郑州祝贺。直系军阀吴佩孚蛮横干涉破坏，横加阻止，武汉代表团林祥谦等人带头冲破军警封锁线，拥入会场，代表们高呼“京汉铁路总工会万岁”等口号。2日，代表们乘车返汉。4日，京汉铁路总工会发表《罢工宣言》，江岸机车厂首先罢工，震惊中外的京汉铁路大罢工开始，1200多公里铁路顿时瘫痪。同时，湖北全省工团联合会召开紧急会议，汉口既济水电工会等20余工团代表参加。决定援助办法：一是由工联会发出宣言，以促当局之觉悟；二是举行工界之大游行；三是实力援助，举行大罢工。5日，汉口既济水电工会等18工团致电京汉铁路总工会暨分工会：“我等代表全湖北各工团，誓以全力为诸君后援，即赴汤蹈火，拼一死命，亦所不惜!”当晚，汉口既济水电工会与汉阳兵工厂工会议定，积极做好同情罢工准备。6日下午，汉口既济水电工会、武汉电业工会（承装电器工人工会）等组织大批会员，高举“支援京汉铁路工人兄弟”的旗帜，到达汉口江岸参加省工团联合会举行的万人慰问大会，会后参加游行，并进入各国租界示威。

2月7日，湖北督军萧耀南在英、美帝国主义的指使下，派出大批军队对京汉铁路罢工工人实行血腥的镇压，当场打死36人、打伤200余人。共产党员林祥谦、施洋惨遭杀害。当天，湖北全省工团联合会被反动军警包围。会所封闭，工会代表被拘捕，工会匾额被毁劫一空。

2月8日，萧耀南公开通缉项英、许白昊等17名省工联合会领导人，并封闭省工团联合会的《真报》馆。在军阀的镇压下，汉口既济水电工会工人伍成林等人毅然举行同情罢工，萧耀南派兵进行镇压；电厂工人准备罢工，因遭到反动军警的包围，不准工人出厂而无法实现预定的计划。

虽然湖北地区黑云压顶，人心惶惶。但是大冶钢铁厂袁家湖电站工人朱文奎等人积极参加声讨大会。当得知许多工人被枪杀，许多工运领袖被迫出走，还有大批工人流离失所的消息后，他们积极开展募捐活动。朱文奎作为代表，将募捐所得的钱物送到武汉，以接济死难工友的家属和失业工人。

此后，白色恐怖一直笼罩着京汉铁路和湖北广大地区。萧耀南继续对工人和群众进行疯狂的镇压。汉口既济水电工会与武汉地区各工会团体相继被封被砸，工人夜校被勒令停办。萧耀南还发布所谓三九二号《保工条例》，指令“电灯水厂不能片刻停工”“工人不得藉故聚集”，并授权厂主发现“工人中如有破坏工业之人”得报告主管官厅惩办，电力工人运动暂时转入低潮。

1924年3月，军阀萧耀南下令通缉中共汉口地委委员许白昊。为隐藏身份，许白昊秘密进入汉口英商电灯公司做起了机匠。

同年3月，汉口既济水电公司水、电二厂工人秘密聚集于汉口水塔，准备重建工会组织。然而，集会工作不幸被告密。一时间，武昌城防司令部派出军队，用暴力驱逐工人。工会重建失败。

此时，水电工人的革命斗争进一步走入低潮。

而低潮孕育的，是更大的革命风暴。

延伸阅读 9

汉口既济水电工会法律顾问、中国首位“劳工律师”施洋

施洋同志，一八八九年生于湖北竹山，早年刻苦学习，热心政治和革命事业。五四运动前夕，结业于法政学校，开始执行律师业务，为武汉学生运动奔走宣传，并积极参加或领导文化革命运动、平民教育运动、中韩联合运动及驱王（军阀王占元）自志（治）运动等。渐与以恽代英同志为首的进步团体接触，提高马克思主义的思想水平。一九二一年加入中国劳动组合书记部，在中

汉口既济水电工会法律顾问施洋

国共产党领导下进行有组织的工人运动，于汉口“租界”区域发动六千余人力车工人反对增加车租的大罢工，继又领导汉阳铁厂罢工，均获胜利。武汉工人运动与工人组织受此形势鼓励，日趋统一成长，成立了武汉工团联合会。施洋同志以该会法律顾问名义继续进行工运工作。

一九二三年二月，施洋同志参加领导京汉铁路工人为争取集会结社自由反对军阀压迫的“二七”大罢工。这次罢工，形成中国工人运动的一个高潮，使帝国主义者及其走狗军阀吴佩孚、萧耀南等极端震骇，乃以最无耻凶残的屠杀手段实行镇压。二月七日午后，反动军警围攻江岸工会，当场杀害工会领袖林详（祥）谦同志及工人五十余人。入晚逮捕施洋同志，解往武昌监狱。同月十五日阴历除夕晨七时，施洋同志以共产党员英勇不屈和从容就义的精神，为党、为工人阶级、为中国人民革命事业壮烈牺牲。

选自武汉施洋烈士陵园碑文，选用时有删改

三、湖北电力有了党组织

湖北电力第一名党员

1922年3月12日，在大冶钢铁厂自备电厂B字号职员宿舍，一个叫仇国升的电工秘密进行了入党宣誓。

第一位入党的湖北电力工人仇国升

仇国升是何许人?

1896年，他出生在丹江口市。22岁那年进入大冶钢铁厂袁家湖电站工作，成为了一名电工。

此时的大冶，煤矿、铁矿、炼铁、水泥、电力等企业众多，成为当时全国重要的重工业基地，约有1.5万产业工人。

产业工人的集中，为大冶工矿区接受马克思主义、开展工人运动创造了有利条件。

1921年9月，中国著名工人运动领袖林育英化名李福生，以汉阳铁厂失业工人的身份来到大冶开展工人运动。在大冶，他住进了大冶钢铁厂仇国升的近邻家，两人很快相识相知。

在一次次的交谈中，林育英一步步启发仇国升。豪爽义气、乐于助人，并在工人中颇有威信的仇国升思想一天天开放，觉悟一天天提升。

很快，在林育英的指导下，仇国升和刘敢生两人发动冷殿卿等十几人，以开办工人夜校学习文化知识的形式，在大冶钢铁厂成立了黄石地区第一个工人学习小组——大冶钢铁厂工人学习小组。工人学习小组的负责人为仇国升、刘敢生。从此，学习马克思主义理论、宣传马克思主义思想的活动在大冶钢铁厂开展起来。

学习小组开始的学习地点在叶家塘低矮的工人宿舍里。后来，为避开厂方的监视，学习小组移到黄荆山飞云洞、西塞山桃花洞、狮子山、普安寺、延祥寺、观音阁等隐秘处。

飞云洞坐落在山腰突出部位的悬崖处，像个巨大的狮子口伸向天际，地形十分险要。附近的普安寺平时敬香的人很多，大家就扮作香客在那里集中学习。林育英把从武汉带来的油印小册子和进步刊物《中国青年》《向导》《日日新闻》《工人周报》和《武汉星期评论》（武汉共产党早期组织的机关刊物）等作为工人们的学习课本，不断启发大家的革命斗志。

在依山临江、风景秀美的桃花洞前，面对浩荡东去的长江，林育英和仇国升先教工人们识字，再用工人们熟知的具体事物打比方讲明许多深奥的道理。林育英激励人心的话语如石子投湖，一次次在仇国升等工人们的心中激起波澜。

到1922年2月，大冶工矿区各厂矿参加工人学习小组的工人已有60多名。

1922年3月，经林育英介绍，仇国升加入中国共产党，成为湖北电力工人中的首位中共党员，并担任大冶钢铁厂党小组小组长。

1922年5月，中共港窑湖支部委员会成立，仇国升被选为支部委员，负责组织工作。

1923年5月，仇国升等13人借乘小船参加江北散花洲“闹财神会”之机，途中在长江江心船上召开会议，成立了中共大冶工矿区特别支部委员会，并以“胡光”作为党支部的对外秘密联络代号。

1924年冬，大冶厂矿（1924年3月大冶钢铁厂、大冶铁矿合称）陆续解雇工人1122人，并继续拖欠工人工资达4个多月。仇国升等组织工人大罢工，以抗议厂方。仇国升、郑明星等人带领工人代表与厂方进行了交涉，同时还组织了500多名工人成立了奋勇队。三天后，厂矿长季厚堃不得不在工人提出的条件书上签了字，罢工胜利结束。

注：1927年1月，仇国升参加了湖北省总工会第一次代表大会。5月，仇国升到武汉参加省工人运动讲习所学习。此时正遇夏斗寅叛变，偷袭武汉，仇国升参加了保卫武汉的战斗。1927年7月，汪精卫集团叛变革命。12月，因叛徒出卖，仇国升被捕，被关押在大冶县监狱。1928年4月，经冷殿卿等人多方营救，仇国升成功出狱。出狱后，他继续与潜伏下来的共产党员和工会骨干联系，秘密地坚持革命活动。1929年2月夏天，仇国升身体不适，在养病期间，与党组织失去联系。1946年，仇国升回到华中钢铁公司工作。1947年，厂方因为他在大革命时期与大罢工有关，将他开除。1950年6月，仇国升被党组织找到，他得以回厂复工。1970年，仇国升因病逝世。

水电公司有了党支部

1925年4月，在汉口既济水电公司，一个叫吴少云的机匠对着党旗庄严宣誓：“永远跟党，永不叛党，……”

从此，武汉水电企业有了第一个共产党员。介绍吴少云入党的，是曾经参加过五四运动的革命者黄松龄。而在可查的资料里，吴少云来自武汉的汉阳。

也是这个时候，湖北省工团联合会秘密恢复。

革命的火种一经复燃便呈燎原之势，全省工会组织如雨后春笋拔节而出，其中便包括1926年7月成立的汉口既济水电公司硚口水厂干事会（即

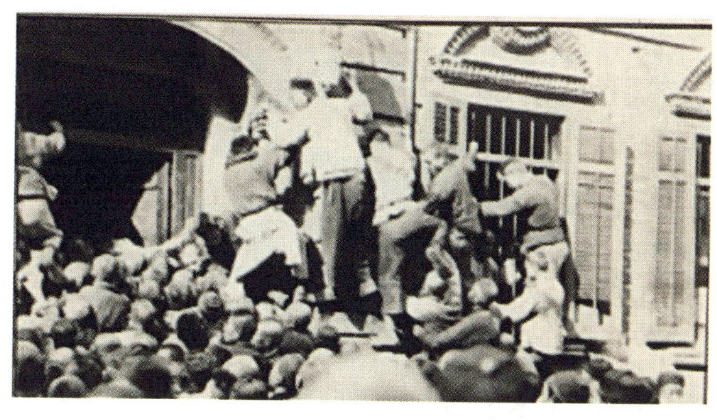

1927年1月，参加收回汉口英租界的汉口既济水电工人纠察队员，成功进入英国领事馆，并成为英租界临时管理委员会成员

工会）。领导成立这个工会组织的，正是武汉工运领袖项英、周伯敏。首任会长名叫曾海清，其后由吴少云继任。

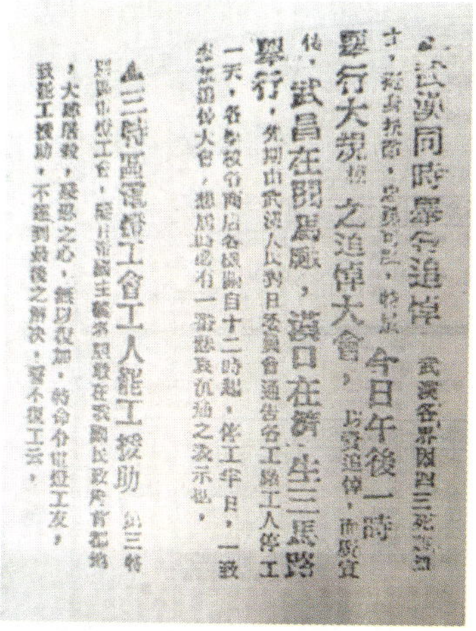

武汉同时举行追悼

举行大规模之追悼大会，

今日午后一时

武昌在阅马厂，汉口在济生三马路举行，

三特区电灯工会工人罢工援助

，大众愤激，疑忌之心，无以复加，特命令电灯工友，

致罢工援助，不达到最后之解决，誓不复工云。

汉口三特区电灯工会（即英商汉口电灯公司工会）反日罢工声明（原载1927年4月6日《民国日报》）

1926年，随着北伐军的节节胜利，汉口英商电灯公司工会、汉口日商大正电灯公司工会、汉口德商美最时电灯公司工会、武昌竟成电灯公司工会、武汉电业工会先后成立，会员共计达815人。

电业工会组织蓬勃发展的同时，党组织建设也迈出新的步伐。

1926年8月，汉口既济水电公司水厂党支部成立，这是湖北水电事业的第一个党组织。吴少云担任支部书记。党支部成立后，在水厂、电厂、水工股、电工股秘密发展党员，第一批37人，第二批达到81人。

工会和党组织在水电工人中的力量日益增强。

1926年9月，北伐军相继占领汉阳和汉口。在董必武的推动下，武汉汉口水电工人参加了武汉工人代表会硚口代表团。他们组成担架队、运输队，积极支援北伐军。工人们积极参与搭浮桥、挖地道、救护伤员、运送

给养和武器弹药。

1926年11月，汉口英美香烟厂工人举行罢工，抗议资方任意开除工人。在中国共产党先驱许白昊的组织领导下，汉口既济水电公司、英商电灯公司工友投入到援助罢工斗争中，并捐款救济烟厂失业工人。

注：1932年年底，吴少云因叛徒出卖被捕，出狱后返回汉阳务农，与党组织失去联系。

刘少奇来到水电厂

1926年11月20日，一个看起来稀松平常的初冬时节，地处汉口江滨的汉口既济水电公司大王庙电厂显得格外热闹，一位特殊的客人刘少奇抵达了这里。此时，刘少奇的身份是全国总工会汉口办事处秘书长、湖北全省总工会组织部部长兼秘书长、劳资争议委员会主任。

和刘少奇一同来到电厂的，还有项英、许白昊。那时，他们都是湖北省总工会的领导人。一行人参观了电厂的修理房、马达船、老车间、新车间，实地了解了工人的工作现状，然后来到地处汉水街兴隆里6号的汉口既济水电工会办事处。

武汉市江岸区友益街尚德里2号，刘少奇汉口旧居。1926年10月—1927年7月，刘少奇曾居住在此从事革命活动

陪同刘少奇参观电厂的，有一个人名叫钟苗夫。钟苗夫，生于1889年，浙江省定海县金塘区大丰乡人，幼时家贫，以做工为生。1920年来到武汉，进入汉口既济水电公司大王庙电厂当钳工。此时，钟苗夫的身份是汉口既济水电工会执行委员会委员长。

汉口既济水电公司钟苗夫（中）及徒弟

汉口既济水电工会的恢复，是在1926年的11月6日。这天，汉口血花世界（今民众乐园）热闹非凡。由许白昊指导、李宗明主持，选举出钟苗夫、胡元寿、李厚金、唐小山、沈宝和为汉口既济水电工会执行委员。除了钟苗夫任委员长，还选举出沈宝和任纠察队长，李厚金任财政委员，唐小山任外交委员，胡元寿任秘书。工会下设四个分会，第一分会在水厂，由唐小山负责；第二分会在电厂，由胡元寿负责；第三分会在水工股，由杨传臣、任春荣负责；第四分会在电工股，由王品如、夏信友负责。此时的工会会员共有750人。

从1924年3月汉口既济水电工会重建失败，两年半过去，近千人凝聚成了更强大的工会组织。

在大王庙电厂办事处，刘少奇重点指导工人参加学习和工作。因为刘少奇的指导，汉口既济水电公司工人的教育获得蓬勃发展。1926年，汉口既济水电工会教育经费达到10800元。

有了充足的教育经费，水电公司的工人夜校办了起来。夜校地址在宗关水厂，学员达到100多人。湖北全省总工会派来3名教师，教工人识字，教唱革命歌曲，每天晚上十分热闹。

办夜校的同时，宗关水厂成立了劳动童子团。团员有40余人，分队长名叫张耀先。后来，张耀先加入共青团，成为武汉水电行业最早的共青团员。另外成立3所职工子弟学校，有300多名员工子弟免费入学。学校除子弟读书识字外，教室里还经常传出“打倒列强!”“除军阀!”的歌声。

随着汉口既济水电工会的成立，工运工作提上议事日程。11月9日，刘少奇、项英、许白昊等会见了钟苗夫、王品如等人，刘少奇对武汉水电工运开展作了具体指导。汉口既济水电公司工会执委会议经过两个夜晚的商量，拟订了工运方案：与资本家谈判，增加工人工资，改善工人生活待遇。

11月16日，谈判正式开始。工会代表为钟苗夫、沈宝和，资方代表为公司经理吕超伯、副经理周命之。经过艰难谈判，劳资双方第一次签订了条约：“工人膳食照职员伙食定额一律七元四角。”“凡工人工资每月在十元以内者，加增五元；十一元以上者，增加四元；二十一元以上者，一律增加三元。”“公司每月补助工会教育经费暂定为六百元。”“星期日休息，但因水电工作关系不能休息者，须给双工资。”条约还对工人因病、因工受伤以及死亡均定有具体的医疗与抚恤办法。湖北全省总工会领导许白昊，国民党汉口特别市党部丁觉群、商人部唐爱陆，汉口市公安局蔡竞生、张萌远在条约上签了字。

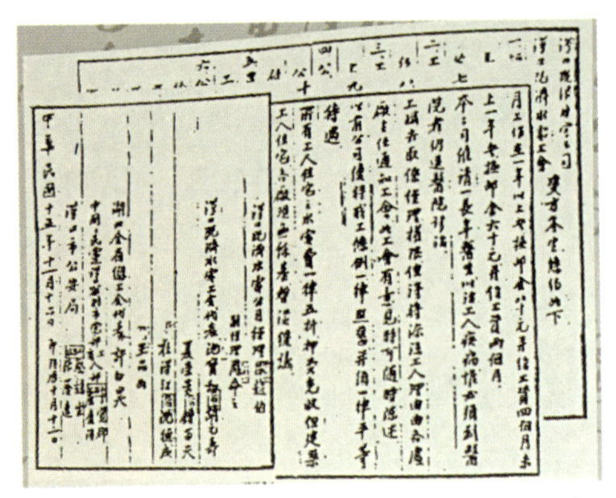

1926年11月，汉口既济水电工会与资方谈判签约文件

其后，汉口既济水电公司劳资双方又两度新签订条约，进一步保障了工人权益。

汉口既济水电公司工会谈判的成功，激励了武汉另外的电灯公司。汉口市洋务工会代表英商、德商等电灯公司工人向资方提出加薪条件。经多次谈判获得成功。其后，汉口大正电灯公司日本人无理责骂工人，激起工人的愤怒，工会提出10项条件与资方谈判，再度成功。

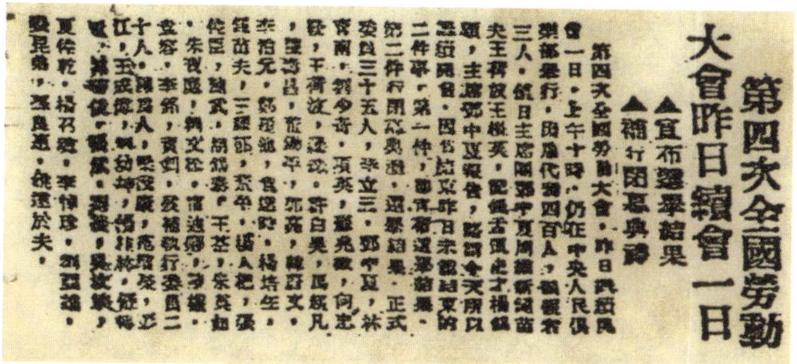

第四次全國勞動大會昨日續會一日

▲宣布選舉結果

▲舉行閉幕典禮

1927年6月30日，《国民日报》报道钟苗夫当选为全国总工会第四届执行委员

1927年3月，武汉电力工人捐款1088.19元，支援上海工人罢工斗争。

注：1927年7月15日，汪精卫集团发动反革命政变。下旬，项英、钟苗夫召开了汉口既济水电工会会员大会，向会员报告了汪精卫集团叛变革命的情况，号召工人阶级组织起来，保护工厂，保护自己。8月底，反动派大肆屠杀和搜捕共产党员和工会领导人，钟苗夫也被列入敌人的黑名单。在公司员工的资助下，钟苗夫被迫离开武汉，回到原籍浙江定海县隐居。

1947年夏和1949年初，金塘人民为反对国民党政府苛捐杂税和抓壮丁，举行了声势浩大的群众斗争，钟苗夫均出谋献策。特别是1947年的抗税斗争，钟苗夫叫大家在《请愿书》上采取“圆圈签名”的办法，使国民党找不出为首人员，从而保护了斗争的发起人。

中华人民共和国成立后，钟苗夫利用精湛丰富的钳工技术自制了土车床、土钻床，先后发明了地瓜加工机、脚踏打机、沙北大镰刀，大大地提高了工作效率。为此，钟苗夫被评为劳动模范，出席了定海县第一届劳模大会。

1963年8月，汉口火力发电厂（原大王庙电厂）为举办“三史”（厂史、家史、阶级斗争史）展览，请钟苗夫来厂讲述大革命时期电厂的工人运动，引起极大反响。

1974年春，钟苗夫病逝于老家，终年86岁。

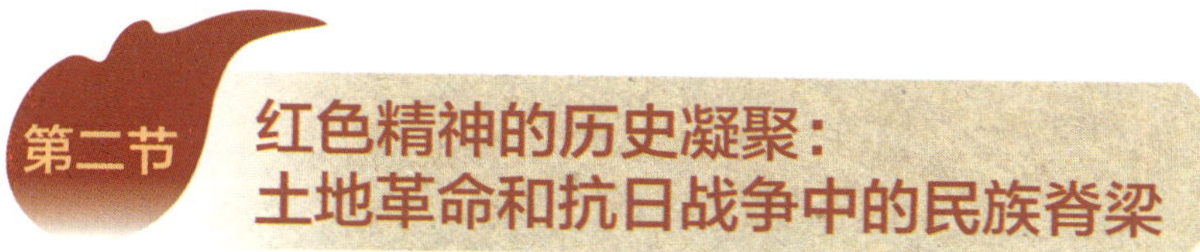

第二节　红色精神的历史凝聚：土地革命和抗日战争中的民族脊梁

在土地革命和抗日战争的残酷斗争中，一大批湖北电力人站在斗争前

沿。他们置生死于度外，在危难时刻挺身而出，为民族大义而战，成为当之无愧的民族脊梁。

一、逆境下的英勇斗争

革命低潮下的阵地坚守

1930年6月4日，武汉警备司令部派出两个排的兵力，驻扎汉口、武昌、汉阳各电厂，开展“监护”。

5日，又派兵在各电厂四周重点位置放哨，对出入工厂的工人进行盘问和搜身。

11日，再命令各电厂起卸煤渣工身挂“腰牌”“以资识别”。

13日，派遣雷以伦、邱秉刚、金体锦、关钧等人分赴各水电厂“查看”工人工作情况。

7月8日，为进一步控制工人，令各水电厂工人外出住宿必须填报外宿登记表定期报送各部队、机关备查。

武汉的白色恐怖达到前所未有的残暴程度。

这场白色恐怖始于1927年。这年的7月15日，汪精卫在武汉召开会议，悍然“分共”，大肆镇压共产党人和工人运动。这就是七一五反革命政变。

面对突如其来的变故，项英、钟苗夫（汉口既济水电工会委员长）召开汉口既济水电工会会员大会，报告国民党反共势力情况，号召电力工人组织起来，保护自己，保护工厂。

其后，情况进一步恶化。湖北全省总工会等革命团体被武汉国民政府强行解散，会址被军警占领，汉口既济水电工会等工团被迫停止活动。钟苗夫被迫离开武汉，辗转回到浙江故乡隐居。汉口既济水电公司开除31名党员和工会负责人，武昌竟成电灯公司也开除2人。当局在留下的电力工人中，强迫搞“五人连环保”，即5个人为一组，填写姓名，由所在单位盖章后送交有关当局存查。以后如5人中有一个“犯法”，其他4人一并问罪。

武汉电力工人运动陷入极度困难的境地。

1929年9月28日，汉口既济水电公司致函汉口特别市警察署，以“大王庙电厂为发电之源，关系全市公安”为由，要求加派警察8人，进驻电厂，监视工人的行动。

白色恐怖没有挡住电力工人革命的脚步。

1930年5月，吴少云接上级指示，在汉口既济水电公司水厂、新市场、中山大道、民生路散发革命宣传品，不幸被武汉警备司令部稽查处拘捕。

1932年7月，汉口既济水电公司中共地下党员宋正、魏怀鹿秘密开展活动，被国民党宪兵逮捕并转送武汉警备司令部军法处。军法处后以“危害民国为目的加入共产党组织罪”，判处2人有期徒刑5年。

重重困难让党的活动一度潜入地下，却从来没有停止。

对农村革命根据地的有力支援

1927年8月7日，八七会议在汉口召开。这个会议是中国共产党历史上的一个转折点，标志着由大革命失败到土地革命战争兴起的历史性转变。嗣后，各地的武装起义风起云涌，湘鄂西、豫鄂赣、鄂豫皖革命根据地相继建立。湖北电力工人对这些根据地的建立，表示热烈的支持和欢迎。1929年年初，大冶电力工人仇国升积极投入大冶农村的农民运动。6月30日，仇国升参加了农民自卫军攻打刘仁八的“六卅刘仁八农民起义”，为红军第十二军和大冶南山头革命根据地的创建作出了贡献。这一时期，大冶袁家湖电站工人与厂矿工人一道，还为红军第三军团军械所筹集军械工具箱、钢材200公斤、炸药641桶、引线33卷、铜炮205块、焦炭1000多吨，有力地支援了红军、支援了鄂东南革命根据地的革命斗争。

1930年夏，红二军团总指挥贺龙，通过湖南地下党购得90匹马力柴油机及附属加工机械一套，运到湖北监利县匡家老墩，组成湘鄂西洪湖兵工厂。武汉电力工人陈思明（河南郾城人，后牺牲）等3人，到洪湖兵工厂操作柴油机和机床，为红军修理武器并制造弹药，成为红军中重要的技术力量。

1931年6月下旬，共青团中央派遣宋盘铭从上海到湘鄂西根据地参与领导工作。宋盘铭路过汉口时经其父宋同甫（中共党员、汉口既济水电公司水厂工人）介绍，与中共既济水电公司硚口水厂支部书记吴少云认识。宋盘铭到洪湖后，先后任中共湘鄂西中央分局委员、红九师政委，与吴少云仍保持密切的联系。1931年12月中旬，经宋盘铭通知，吴少云派出宋同甫、邱明新、肖朗三去洪湖参加湘鄂西省第三次工农兵代表大会，并向宋盘铭请示和汇报武汉方面的工作。1932年7月，湘鄂西根据地物资紧缺，特别缺乏柴油。宋同甫受党组织委派，冒着极大危险，把30桶柴油押运到洪湖，顺利地完成了任务。他乘船返汉时，刚到码头，“交通员”接应，通知“不能回厂，回厂危险”。两人当即换了衣服，宋同甫迅速离开汉口，辗转回到河南家乡，从此与党组织失去联系。宋同甫脱险了，吴少云却再次被敌人拘捕，关押一月，因证据不足释放。

注：1937年冬，宋同甫曾去陕西寻找贺龙部队，打听儿子宋盘铭的下落。宋同甫见到了贺龙，贺龙沉痛地告诉他宋盘铭已经牺牲。

1948年12月，郾城解放。宋同甫参加了政治学习班，结业后任本村农会副主席，后被选为乡人民代表。

1953年，贺龙元帅给宋同甫写亲笔信，称赞其子宋盘铭是“人民功臣”。此后，郾城县人民政府根据贺龙的信，特制作“人民功臣”匾额送到宋同甫家。

1960年，郾城烈士陵园建园之时，宋同甫肩负郾城县人民重托，赴京求见贺龙元帅。宋同甫向贺龙元帅讲述郾城准备建立烈士陵园之后，贺龙元帅十分重视，又偕同宋同甫来到总司令部拜见朱德元帅。朱德元帅为宋盘铭革命事迹深受感动，亲笔写下了“革命烈士永垂不朽”八个大字，被永久镌刻在漯河烈士陵园的纪念碑上。

1964年8月，宋同甫病逝，终年74岁。

宋盘铭在重庆黔江牺牲。当地建造的宋盘铭烈士亭

二、民族危亡下的同仇敌忾

枪林弹雨西迁路

1937年夏天，一个叫孙保基的电气工程师离开南京来到汉口，担任了汉口既济水电公司技术科科长兼电务科科长。此时，汉口的日本侨民正在撤退，一副山雨欲来风满楼的态势。

8月14日，一枚炸弹落在了大王庙电厂后的煤场里，不安的情绪笼罩全厂。一边做机件防空设备，一边建避难室，孙保基格外忙碌。

1938年7月30日，九江失守，武汉告急。政府开始组织人力，抢救重要物资外运，武汉各电厂也开始行动，着手设备的拆迁。

10月，正在重庆的孙保基接到电召：立即回汉主持大王庙电厂拆迁工作。电厂当时最重要的设备，莫过于从英国购置的6000千瓦发电机组。此外，还有一座锅炉和变压器等，都需要拆迁。

10月14日，孙保基回到武汉的时候，日寇正在迫近，大王庙电厂的拆卸工作已经开始。10月21日，武汉防空司令部、警察局及守卫武汉的机构均开始撤退，电厂的设备也开始装船。

长江运输异常繁忙，江轮吨位拥塞。由于汉口既济公司设备重要，从政府那里分到宝贵的数百吨运额。利用这些运额，孙保基组织抢运了300吨变压器材料，由“长江大抢运”六大江轮之一的江新轮起运。

时间越来越紧，大量的设备还在武汉。能运多少算多少，此时的汉口既济员工，爱国热忱空前高涨。大家众志成城，争分夺秒，三天三夜连轴转，硬是将1000余吨的重大机件，分别装上了30多条木驳，由“金陵”“永安”两艘小火轮拖运，赶在日寇到达前的不到40个小时内，在空袭警报的呜呜声中，缓缓向汉口告别，拔轮而西。

离开武汉的设备，历经重重劫难。

1950年，孙保基在《前后六年来既济水电公司工作的回忆》中写道：“迁运机件的中途，经辗转拖运历时1月，方才到达宜昌。途中与装运水雷船为伍，屡遭敌机扫射，船员死1人，伤2人。缺煤缺款，困难重重，到达宜昌后，又一再遇到敌机疯狂轰炸。嗣后转装铁驳木船，溯川江而上，又

西迁到宜宾电厂的汉口既济水电公司设备

数遇险滩沉没，经打捞后，重行装船者为数甚多，在1939年的下半年，方始全部到达重庆，而1939年的重庆，又为敌机狂炸之目标，但仍按总公司指示，将运渝机件器材，分别让售资委会、兵工署及经济部等各政府机构。在1940年春，将最后所余零杂器材，让给建川煤矿，拆迁工作至此遂全部结束。”

1938年，当战争的阴云逼近湖北，在拆迁和转移的队伍里，有一大批湖北电力人。汉口福新面粉厂将3000千瓦发电机组全套拆卸运往陕西；大冶钢铁厂袁家湖电站将两台1500千瓦发电机以及相关设备共341箱运往重庆，运输途中也受到日军飞机的轰炸，死伤人数共16人；裕华纱厂也将全部发电设备拆往重庆；汉阳铁厂2500千瓦发电机及锅炉在运到城陵矶时被日机炸沉；武昌水电厂在最大能力范围内将4700千瓦发电机组部分西迁到宜昌，无法运走的部分，在武汉沦陷的前一天就地炸毁。

拆迁争分夺秒，白天面临敌机的轰炸，就晚上悄悄干。厂房内、码头边，工人们冒着生命危险，抢运出的设备，大部分运送到了四川，为后方工业基地提供电能，为持续抗战作出了重大贡献。

湖北电力惨遭涂炭

1938年11月2日，日本人控制下的华中水电株式会社派人占领汉口既济水电公司电厂。其后，日寇将电厂周围的房屋拉倒拆毁，致使大量工人失去住所。有一严姓工人因无处安身，只能带着家人在煤场搭个简陋的棚子栖身。禽兽不如的日寇，却趁机残暴蹂躏了其患病的妻子。

早在武汉沦陷前，1938年2月9日，日机在汉口两次投弹，汉口既济水电公司宗关水厂职工学校被炸，炸弹落在学校的操场上，当场炸死1人，伤7人；7月19日，汉阳铁厂被炸，电工王华庭、木工徐光有被炸死，13人重伤；8月中旬，黄冈县团风镇电灯厂被炸，直接使得该厂倒闭。广济县武穴镇失守后，日军放火烧毁店铺，沿街供电设施惨遭焚毁，经营20多年的武穴光明电灯公司直接倒闭，工人被迫解散，公司总经理陈云山被日军杀害。12月，襄阳电灯厂遭到日机空袭，被迫停办，100多名工人被迫解散。1939年6月，日军飞机轰炸恩施县城，吕福记大丰电灯公司被夷为平地，公司员工全部失业。1943年，沔阳县新堤镇普新电灯公司待修的两台煤气引擎和两台发电机组被日军6116部队捣成废铁，抢去当作军用。

抗战时期，大王庙电厂防空避难所

硝烟四起，人心惶惶，在日军的频繁轰炸中，电力工人和他们的家属命运悲惨，苦不堪言。

大王庙电厂被强占后，日寇强迫留守的职工恢复电厂工作。1938年11月20日，电厂恢复发电，将电力送往宗关水厂和日军驻地。汉口英商电灯公司拿着先前签订的代管合同前往与日军交涉，却被毫不客气地拒绝了。随后，日军又强迫电厂工人拆除市区内大批输电线路，用于铺设水底电缆，将汉口的电力送往武昌、汉阳，供两地的日军使用。

不甘受辱勇抗争

面对穷凶极恶、不可一世的日本帝国主义，湖北电力工人和全国人民一道，掀起了一场抗日救亡的高潮，他们采取一切方式尽力支援抗日战争，更有人直接投身革命。

1938年，在宜昌面临敌机空袭的威胁下，宜昌永耀电气公司承担起防空报警任务，在市内装置两处警报汽笛，发布警报的中心设在电厂。

工人组成防护团，3人一组，轮流值班，负责施放空袭警报和维护警报的设施，使宜昌市民能及时听取敌机空袭的预报。大冶厂矿袁家湖电站的工人，毅然站了出来，他们通过组织冶雄歌咏队、召开抗日歌大会、抗日座谈会、出墙报、街头演讲等多种形式，与工矿区其他工人一起，掀起了抗日救亡运动的高潮。

为了慰劳和支援在前线奋勇抗日的将士，湖北各个电厂工人自动发起了捐款和认购救国公债的高潮。据不完全统计，其中认购救国公债部分，汉口既济水电公司工人认购51700元，武昌水电厂工人认购1091.94元，宜昌永耀电气公司工人认购1937.7元；捐款部分，汉口既济水电公司工人两次捐款，共计捐款2273.7元，汉口英商电灯公司机器部捐款114元，宜昌永耀电气公司工人捐款2500元。1938年，在全国经济每况愈下的状况下，宜昌永耀电气公司员工又进行两次捐款，共计200元，汉口既济水电公司员工捐款324.8元。

1938年4月7日，台儿庄大捷，打破日军不可战胜的神话，举国欢庆。武汉举行了抗战扩大宣传周，武汉的电力工人参加了祝捷大会。13日，汉口既济水电公司员工数百人参与了中国工人抗敌总会筹备会、中国劳动协会等团体举行的宣传活动。5月，汉口既济水电公司员工朱伟、章炳炎等10人奔赴乡下，向农民百姓宣讲、宣传抗日的局势意义。7月，武汉各界开展纪念抗战一年、支援前线的爱国献金活动，仅仅5天时间就献金50多万人次，金额93万多元。武汉三镇的电力工人及其家属都主动前往，捐钱、捐首饰，以绵薄之力表达爱国之心。

在给前线捐款的同时，宜昌永耀电气公司黄福康和朱德全两名青年工人向人们揭露日本帝国主义的侵华罪行，唤醒人们的抗日救亡热情，多次参加宜昌爱国剧团的演出活动，并将全部演出收入捐给前线抗战的将士。

1937年夏天，王表来到大冶利华煤矿电厂做学徒。1938年，王表加入中国共产党。中共石灰窑工矿区特别区委建立后，王表任委员。在大冶，王表以利华煤矿电厂为基地，在矿区开展抗日救亡宣传。

1942年2月10日，大冶袁家湖电站，发电工人郭连才和几个工人偷偷进入发电所日本人值班室，看见两个日本人正在熟睡，将两个日本人杀死。随后，将当天值班的工人王细德绑到安全的地方，然后引爆柴油发电机、火车头和氧气房等设备底部提前安放的炸药，共炸毁柴油发电机2台、火车头1台、氧气房1间。而这些炸药，是郭连才提前一天和值班工人陈金定密谋好，利用工作之便，用饭盒带进的发电所。

杀死日本人，炸毁部分设备，算是给了日本人一记重重的教训。事发后，日军恼羞成怒，对当天值班工人王细德等严加盘问以找到是谁做的，但始终得不到结果。

日寇入侵后，那些被迫进入日方电厂的工人，采取明斗暗抗的办法同侵略者进行坚决的斗争。

日军侵占沔阳县新堤镇之后，试图以高薪利诱普新电灯公司技工周承业等人恢复供电，遭到拒绝，日军计划落空。

在日常工作中，工人们以消极怠工对抗日军，日本人在场监督的时候假装一片繁忙，日本人一走，就出工不出力。上夜班的时候，一半人工作，另一半人去睡觉。此外，他们故意制造各种事故，仅大王庙电厂，每个月就会有近十起停电事故，其中绝大多数都是工人们故意制造出来的。有一回，锅炉看水工人刘阿惠故意把锅炉水加满以制造事故。有时候，工人们不等煤烧完就从炉子里倒出来，又把煤泡捡走，用这样的方法增加煤耗。

1943年8月，铁山劳工暴动。大冶铁山电厂工人配合已经担任中共鄂大工委书记的王表，制造一起停电事故，使铁丝网断电，劳工暴动得以成功，100多名工人逃出，这些工人后来编入到革命队伍当中。

1944年秋，华中水电株式会社武昌处张所日籍朝鲜人李大万踢死1名工人，在工人中间引起巨大的愤怒。周建寅、易云鹏、伍修生等共99人写了抗议信，放到日本人坂本的办公室，以示对李大万漠视工人生命这种恶劣行径的抗议，坂本怕引起工潮，不得已妥善安置了死者，并提高了工人的工资。

石子虽小，却也能激起千层浪。电力工人们在日军统治下的斗争，破坏敌人的工事，扰乱敌人的计划，也为救国救亡贡献了自己的一份力量。

延伸阅读10

奔赴延安等地的湖北电力工人

抗日战争期间，中共中央所在地延安是全国工人、农民、青年学生向往的地方。湖北有许多电力工人，通过各种渠道，毅然走上革命的道路。武穴光明电灯公司配电工陈实和其侄儿陈群，汉口英商电灯公司工人刘长元先后投奔八路军驻汉办事处转赴延安；汉口英商电灯公司工人蒋达贵则通过西安八路军办事处投奔延安。

应城县汤池米油厂大车（司机）刘忠祥和机匠艾受勤、黄达斋、许炳清等人，将厂里15千瓦发电机及煤气机设备藏在汤池附近的山坡里，分别随同进步人士李范一和“汤池生产供销合作社”经理、中共党员许子威去宜昌、京山、应城、谷城等地开展抗日救亡工作。

这些人在革命队伍里，经受战争的洗礼和各种险恶环境的考验，成长为坚强的共产主义战士，有的人则献出了自己宝贵的生命。

选自《湖北电力工人运动史》（1992年），选用时有删改

第三节 翻身做主人的先锋意识：保产护厂迎解放

在解放战争的疾风暴雨中，湖北电力工人被广泛动员起来，投身保卫电厂的险恶斗争，积极参与渡江战役，为新中国诞生贡献了澎湃力量。

一、抗战后电厂状况

芳草晴川，遍野尽染英雄血。1945年9月18日下午，在武汉中山公园内西北角的受降堂，不可一世的日寇终于低头缴械，签下投降书。历经7年的沦陷岁月，武汉光复重生，狂欢的激流在每个人的心中浪涌。

9月21日，受国民政府经济部委派，孙保基作为接收委员会委员，从四川回到武汉，接手汉口水电事业。

对孙保基而言，一边是重建的欣喜，一边是进退维谷的窘迫。

1945年10月14日，汉口既济水电公司的锅炉内，从前熊熊燃烧的煤炭，破天荒地变成了木柴和豆饼。火力明显下降，使得水电供应无力兼顾，汉口既济水电公司只能停供电保供水。

屋漏偏逢连夜雨。原本燃料运输就困难，又遭遇时局动荡，物价飞涨。在《汉镇既济水电股份有限公司三十六年度业务报告》中，有这样的表述："因煤价之不断上涨，已不敷周转。曾函请两行增加燃料周转金额至200亿元……"因为煤价上涨，无力支付员工工资，汉口既济水电公司将50吨铜线送到银行仓库抵押，筹得1亿元。

1948年，汉口既济水电公司发电量尚不及战前1936年的水平，经营形势日益衰落，陷入进退维谷困境。用孙保基的话说，便是"复员以来……

数度几使整个事业濒于绝境”。

战后，全国百废待兴，人民都希望有个和平的环境恢复经济。然而渴望中的安定局面并没有马上到来，政府的腐败，以及接下来的内战，湖北电力工人生活堪忧。

1947年10月23日，大冶电厂供电课工务员和外线班等九人，按供电协议前往黄石港电灯合作社拆卸1台油断路器检修，临时装1个跌落式熔断器供电。黄石港商会、中统特工等指责电厂员工故意停供黄石港的用电，并煽动几百名不明真相的群众围攻电厂员工，还将其中两人抓到警察局水上派出所，打得遍体鳞伤。在工人们的奋起抗争下，被抓工人放了回来，商会还写了认错书公之于众。

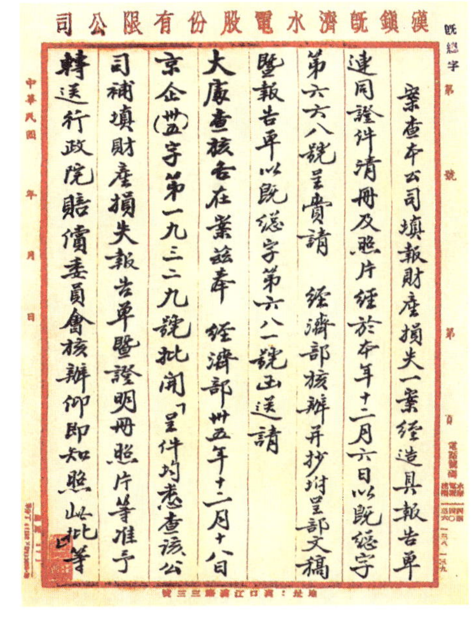
漢鎮既濟水電股份有限公司

既總字第　號　第　頁

案查本公司填報財產損失一案經造具報告單連同證件清冊及照片經於本年十二月六日以既總字第六六八號呈賫請　經濟部核辦并抄附呈部文稿暨報告單以既總字第六八一號函送請大康查核各在案茲奉　經濟部卅五年十二月十八日京企(卅五)字第一九三二九號批開「呈件均悉查該公司補填財產損失報告單暨證明冊照片等准予轉送行政院賠償委員會核辦仰即知照此批」等

中華民國　年　月　日

地址：漢口江漢路三三號

汉口既济水电公司抗战财产损失统计的文件

1948年7月4日下午4时左右，国民党的两名士兵跑到鄂南电力公司（1947年由武昌电厂与大冶电厂合并）武昌下新河发电所凉水塔旁边洗澡。当时值守的厂警发现后，立即上前劝阻，怎料两名士兵蛮横，竟与之发生冲突。一名士兵旋即向其营长报告，营长不分是非，竟带领二十多名士兵拿着刺刀、棍棒气势汹汹地闯入厂房，不管三七二十一，见人就打。当时厂里的工人们正在进行两台机组的启动操作，见此情形，只得紧急停止。一群人一阵乱枪乱棒之下，工人刘少卿、王忠华、胡见贤、刘望元被打成重伤，值班工程师邓泽绵背部被刺刀连捅数刀，血流不止。事件发生后，全体员工极为愤慨，提出如果不严惩首犯，就绝不发电。傍晚时分，武汉警备区武昌指挥部派人强令工人开工，工人们毫不畏惧，坚持斗争，一整夜都没有送电。第二天，该部感觉到事态的严重性，只得将凶手惩办，工人们这才重新开机发电。

与此同时，物价的指数飙升让电力工人实在难以为继。为此，各个电厂的工人纷纷开展了要求厂方增加工资的罢工运动。1946年3月，武昌水电厂工人要求厂方增加工资、改善生活条件，被厂方拒绝，工人们立即发起签名活动，随时准备罢工，最后迫使厂方答应了工人的要求；1947年3月，大冶电厂两百多名工人联名向厂方提出提高工资的签呈，经过反复斗争，厂方最后不得已同意一律加薪20元；同月，宜昌永耀电气公司工人也向厂方提出要求，厂方以“经营困难，入不敷出”为由拒不答应，公司技工黄根福等人进行怠工斗争，终于使厂方同意每人工资额增加30%。

物价持续上升，电厂的工资提升变化永远也赶不上物价的变化。1947年10月，大冶电厂工人不得已再次提出要求，工人包围厂长办公室，要求用银圆和实物发放工资。经过一天的据理力争，厂方答应工资的一部分发放银圆，一部分发大米，一部分按物价指数发钞票。1948年12月25日，汉口既济水电公司利济路电厂工人迫于生计，自发组织起来要求厂方提前发放年终奖金，由于得不到较好回复，工人们包围会议室，厂方迫于形势，只得答应工人们的要求。

二、地下党进驻各电厂

大冶电厂的共产党“三人小组”

抗日战争胜利后，趁着国民政府资源委员会重点建设大冶电厂的契机，中国共产党委派了少数共产党员和工运骨干到黄石发展革命力量，秘密组建地下工运组织。

1945年12月，时任四川宜宾电厂的特级技工、党的外围组织重庆工人民主工作队队员杨福潮到大冶电厂，并被任命为汽轮机领班。

为了配合杨福潮更有力地开展地下工运工作，1946年6月，重庆地区工运负责人、中共党员张维明受党的委派，以钳工的身份潜伏在大冶电厂。张维明、杨福潮以及在华中钢铁公司以钳工身份潜伏的中共党员熊庭华一起，组建三人小组，张维明任组长。就这样，在此后大冶电厂的工人运动中发挥重大作用的“三人小组”成立。

为了争取群众，张维明、杨福潮等人利用各自的工作特长以及工作之便，主动走到工人中间去，通过传授技术、聊天、谈事等方式，广泛与工人们接触，很快就受到了大冶电厂工人的信赖与拥护。

“三人小组”出于为工人考虑，为工人谋求的第一件实事就是打破了新人进厂要交见面礼的封建恶规。杨福潮到大冶厂当领班之后，时常有新工人进厂分配到他那里做事，这些新工人纷纷向各部门主管以及领班杨福潮送见面礼。当时物价高、工人们待遇低，新工人及其父母为了筹备见面礼四处借款，导致负债累累。杨福潮为了减轻工人的生活负担，主动破除这种庸俗的封建旧俗，拒绝收受见面礼，并用实际行动使新工人及其父母放下不送见面礼就受欺凌的担心。工人们为此事很是感动。

为了解决有家眷的老工人的住房困难，张维明、杨福潮主动让出电厂分配的住房，这是“三人小组”为大冶电厂工人办的第二件实事。由于

大冶电厂

张、杨都是资委会委派来负责战后接收工作的，又是优秀的高级技工，大冶电厂特意为他们安排了战后日本人遗留下来的小洋房。当张维明、杨福潮了解到电厂还没为那些有家眷的老工人安排住宿时，便带头向厂里提议主动让出小洋房分给他们。就这样，没有住房的老工人幸运地住进了小洋房。

当时的大冶电厂有等级制度，工人和职员用餐都是分开的。同样的伙食标准，职员食堂的伙食非常好，而工人食堂却很差，工人们对此多有抱怨，但敢怒不敢言。张维明、杨福潮经过调查，发现是工人食堂管理存在漏洞。经过协商，他们组织工人成立伙食管理委员会，由工人自己管理伙食。因为他们与电厂反复交涉，伙食管理委员会最终于1948年8月宣告成立。伙食管理委员会每月推选一名工人作为伙食管理员，负责记账、采购食材，并每个月将账单公布，同时，负责对食堂进行监督，奉行节俭，杜绝食堂的浪费行为。伙食管理委员会成立之后，工人食堂伙食得到明显改善。

“三人小组”还组织工人成立了互助储金会，帮助工人解决生活上的困难。当时，大冶电厂工人的工资极低，特别是已经组建家庭的，生活异常艰难。而且当时物价飞涨，有家眷的工人无奈只好向商店赊购粮米以及日常生活用品，以维持基本的生活。但他们在还账时是按涨价之后的价格结算，这在无形中加重了工人们的负担。工人们拿了工资就得还账，还完账后工资已经所剩无几，又得继续赊账或者借贷度日。张维明、杨福潮为了将工人拉出赊贷的旋涡，找工人谈心，经工人同意之后，决定组织工人经济互助。于是，1946年10月，“冶友互经会”在大冶电厂成立，并选举老工人朱文奎为会长。互经会为每个会员发一个存折，工人会员按月缴纳储蓄金，最低金额为5角到1元，工资高的工人可以多交。会员只要有经济困难，就可以向互经会借款，按期归还，不计任何利息。刚开始互经会只有杨福潮所在的汽轮机房的30多名工人参加，到后来发展到全厂60%的工人参加了。参加的人多了，储蓄金自然也多了起来，互经会又利用这些储蓄金在电厂办起了合作社，将批发回来的日用品原价卖给工人。这在一定程度上减轻了工人的经济负担，工人的生活困难问题逐渐得到了缓解。

为了更好地争取群众，发展工人队伍，“三人小组”组织成立了工人俱乐部，积极组织歌咏队，开办读书会和《黄石公园》壁报，展开各种丰富的文娱体育活动，将一大批工人和职员聚集在“三人小组”周围，进一步扩大了党的影响力。

“三人小组”经过艰苦认真的工作，逐渐在工人中间积累了良好口碑，为以后的工人斗争奠定了坚实的群众基础。在张维明、杨福潮等人的坚持不懈努力下，1947年9月到1949年5月，大冶电厂一大批工人被批准加入中国共产党。

地下党进驻武昌水电厂

1945年底和1946年初，重庆工人民主工作队队员侯杰来到武汉，和许多水电工人一起，住在平湖门水厂集体宿舍内。因物价上涨，工人的生活极其困难，大家心里非常着急，每天只是凑在一起发牢骚。侯杰来到之后，就主动参与工友们的讨论，并且出主意、想办法，直接向厂方提出增加工资的要求，如不答应，即行罢工。在侯杰的领导下，此次斗争终于取得胜利。侯杰的威信在工人中大大提高，工人们有什么事都喜欢找侯杰谈，甚至家庭纠纷也找侯杰帮助解决。

侯杰的活动引起厂方的注意。不久，厂方借机器转给武昌第一纱厂（今国棉六厂）之机，把侯杰也转调第一纱厂。侯杰在第一纱厂工作期间，经常回到武昌水电厂集体宿舍串门。一次，侯杰发现水电厂学徒工喻昌斌正在帮老师傅写家信，就主动接近喻昌斌，鼓励他多为工人师傅帮忙。侯杰还把一些进步书刊，如《新民主主义论》《论联合政府》《李有才板话》《小二黑结婚》和《晨报》等借给喻昌斌阅读。后来，喻昌斌又介绍侯杰认识了供电课工人胡秉廉。胡秉廉在工人中有个外号叫“胡博士”。工人中有什么婚丧喜庆之类的事情，胡秉廉都乐意帮忙。因此，在工人中颇有影响。侯杰经常与喻昌斌、胡秉廉谈论当前的形势，鼓励他们关心工人的利益，团结工人群众。

1947年，胡秉廉以工人代表的身份，参加了鄂南电力公司“员工励进会”。胡秉廉、喻昌斌经常组织一些进步青年工人，在“励进会”的溜冰场里聚会，研究工作，交流情况。他们还经常收听新华社的广播，把解放战争的胜利喜讯及时在工人中传播。

1947年11月7日，国民党联勤总部汉口被服总厂以“戡乱时期，国库空虚”为由，拒不发放工人们应得的奖金，引起工人们的不满。当工人们集合去武汉行营请愿时，厂警队开枪打死工人丁海泉、蔡绍倪2人，打伤一二十人。这就是武汉一一七血案。

血案发生后，该厂工人全部罢工。胡秉廉、喻昌斌等人组织发动群众捐款60万元法币（合后来人民币60元），慰问死者家属，支持罢工斗争。11月12日，侯杰带着喻昌斌人等到被服厂参加了公祭追悼会。武汉失业电工张煜、李立德还送上挽联一副：“说是严办，实是不办，他们想马虎了事；既为死者，又为生者，我们要坚持到底。”

1949年1月，武汉面临即将解放的形势。中共武汉市委工人运动委员会副书记张汝霖来到武昌水电厂，一面布置保产护厂工作，一面在工人、职员中建立党支部及进步团体——武汉工人协会和新民主主义建设协会。

1949年2月，胡秉廉加入中国共产党。3月，中共武昌水电厂支部成立。支部由胡秉廉、王志锦、喻昌斌、周建寅组成，胡秉廉任书记。

和侯杰一起到武汉的重庆工人民主工作队队员邓祖安，于武昌下新河发电所秘密地在工人中宣传共产党的政策，广泛结交工人朋友。下新河发电所工人伙食办得很差，工人们意见纷纷。邓祖安发动工人查了管理员的账，证实管理员贪污。工人要求处分管理员，并要求自办食堂，厂方接受了条件。邓祖安的活动，引起了厂方的注意，厂方要把邓祖安调到大冶电厂去。中共武汉地下党组织研究后，为了在武汉开展学运工作，决定由邓祖安向厂方“请长假”，然后到珞珈山开设珞红餐馆，掩护那里党的秘密工作。

地下党进驻汉口电厂

抗日战争胜利后，汉口既济水电公司是国民党武汉当局控制极严的单位。公司的下属各厂、处，建立起国民党、三青团、工会等由国民党直接操纵的组织，革命力量一时难以插足其间。

1947年6月30日，刘伯承、邓小平率领中国人民解放军12万人，以出乎敌人意料的突然行动，一举突破黄河天险，揭开战略进攻的序幕。8月末，刘邓大军进入大别山区，威逼武汉，这给武汉的革命力量以极大的鼓舞。汉口既济水电公司利济路电厂工人肖怡兴等为改选旧工会与工头进行抗争，得到了工人群众的拥护和支持。1948年底，中共武汉市委工人运动委员会朱康侯与宗关水厂助理工程师冯伯城取得了联系，冯伯城不久加入中国共产党。冯伯城按照市委的指示，积极在老工人中进行活动，先后发展彭仰钦、黄东海、谢世弘、薛湘云（女）加入党组织。1949年4月，中共既济水电公司宗关水厂支部成立，冯伯城任支部书记。党支部负责宗关水厂、利济路电厂与申新纱厂原动部的工作。支部的工作有三项：一是进行调查研究工作，将敌人、资本家和官办的水电工会的情况调查清楚后，上报市委。二是向工人群众进行宣传工作，当时公司成立了一个自卫队，参加的都是工人、职员。支部派人打进去，通过访问、谈心与组织串联，培养骨干。三是积极在各厂建立“工协”等党的外围组织。此外，合作路电厂（原英商汉口电灯公司）工人姜龄与姜松龄、冉瑞武取得了联系，由姜松龄布置搜集资料和保产护厂工作。通过这些部署，为进一步发动汉口水电工人保产护厂，迎接解放，打下了良好的基础。

三、护厂运动中的先锋力量

1949年5月15日，这天清晨，武昌徐家棚到下新河一带格外安静，只有小荷上的青蛙在不停鸣叫。突然，远处传来阵阵爆炸声，顷刻间，轮渡公路、沙湖铁路桥被炸毁的碎片飞到了堤边的菜地里。这是国民党撤离武汉前最后的疯狂。

望着国民党军队逃跑的背影，身为地下党员的欧阳予指挥下新河电厂工人纠察队顷刻出动，按照原来的分工，替代原来国民党军队看守电厂大门。

欧阳予进驻下新河电厂，是1948年秋。那时，21岁的欧阳予刚从武汉大学电机系毕业，此时，他已经是一名地下党员。能进入下新河电厂，缘于鄂南电力公司总经理黄文治曾在武汉大学电力系兼任教授，与欧阳予是师生关系。在黄文治的引荐下，欧阳予成为下新河发电厂的工务员。按照武汉地下市委的安排，工作之余，欧阳予主要负责在电厂建立党的外围群众组织，保产护厂，迎接武汉解放。在这项工作上，他与中共武昌地下工

1949年5月，鄂南电力公司工人纠察队员合影

作委员会书记江浩然保持单线联系。

1948年10月，当时东北、华北的大部分地区已经解放，经济部资源委员会委员长孙越崎先生在爱国精神指导下，在南京资源委员会总部秘密召开了资源委员会各处负责人和外地少数重要工矿负责人会议，提出“坚守岗位、保护财产、迎接解放、办理移交”的意图，向到会人员征求意见，鄂南电力公司负责人黄文治代表电厂系统发言，表示赞同。1949年春，解放大军陈兵长江，武汉的形势日趋紧张，政治斗争十分复杂。国民党在离开武汉前将破坏武汉的各类公用民用设施，其中包括各个电厂。

5月上旬，鄂南电力公司工人在中共武汉地下市委武昌工委员会书记江浩然领导下，与附近的水厂、电厂、配电所、船厂、纱厂、30兵工厂组成了联防，设置了6部专用电话。鄂南电力公司供电课技工周建寅负责联系，遇有紧急情况，随时互相支援。周建寅从负责30兵工厂的地下党工作者处取得苏式“马克辛”轻机枪，作为公司护厂联防队员的武器装备。

5月13日下午4时许，国民党连长和士兵共8人身背炸药包，进入汉口大王庙电厂泵船码头，准备炸船。电厂100余名工人及家属闻讯，不约而同地赶到现场将8名军人分隔开来并与其周旋。此时工人肖怡兴、孙海平、杨泗和、何启发抽去上船跳板，然后分别与之论理。厂里职员拿出100块银圆给国民党官兵劝其离去，泵船得以保全。

5月14日，武昌下新河发电所职员吴馥欣与国民党工兵连长周旋，并按原定计划将20马力电动机及水泵套拆卸分藏到地下室，又将泵船船底凿穿小洞放水沉入江底，防止了国民党军队撤退时炸船破坏。

5月16日清晨，武昌汉阳门江边的一艘泵船被即将溃逃的国民党军队炸毁，弹片飞到岸上，打断了输电线路。周建寅接到电话立即派出抢险队抢修，不到2小时，损坏的线路全部修复送电。这一天，鄂南电力公司大冶电厂厂长谢继安电告黄文治：黄石已经解放。黄文治迅速将此消息转告江浩然。同时，中共武昌水电厂党支部书记胡秉廉立即采取了如下措施：

通知电厂职工立即返厂坚守岗位，把面向马路的窗口、大门全部砖封；配电所由共产党员周建寅、喻昌斌负责，备有800瓦马力的柴油机作为第二电源；组织工人武装纠察队，日夜守候在各要害部门，以防止国民党军队撤离武汉时进行破坏。

5月17日上午7时，首批中国人民解放军乘鄂南电力公司的武电轮，从汉口到达武昌。江浩然到江边迎接解放军。武汉水电厂职工也同武昌民众一道在胡林翼路（今民主路）江边，用红旗花束、彩带欢迎解放军。当解放军走上武昌街头，欢呼声、锣鼓声、鞭炮声响成一片，整个武昌成了欢乐沸腾的海洋。

宜昌解放前夕，国民党勒令宜昌永耀电气公司拆机迁川，并以炸毁设备相威胁。中共荆当县委城工部部长段玉美秘密进入宜昌，派地下工作人员杨昌铸、石永超找永耀电气公司经理刘梅森，讲明党的政策，打消他的顾虑，要他为护厂作出努力，刘梅森表示同意。同时，永耀电气公司职工一致表示拒绝迁厂。机务负责人林毓书、姚彩章等人坚决表示要采取有效对策，与敌周旋，从而挫败了“迁厂”“炸厂”的阴谋。其后，中共宜昌市委派于盛元到电厂，职工喜迎解放。

延伸阅读11

水上先锋“鄂电轮”

鄂南电力公司的下属电厂——大冶电厂在解放前有新老两个厂区，两个厂区之间隔着磁湖，工人们上下班必须乘坐轮船。另外，两厂所需的大宗燃料都需要用船运输，所以，当时的大冶电厂有两艘俗称“小火轮”的渡船，一艘名叫“鄂电轮”（燃煤带驳拖货），另一艘名叫“武电轮”（燃油，供工人上下班用），每艘每次可运送100多人，尤其“鄂电轮”是当时大冶电厂对外运煤送货唯一的水上交通工具，是当时石黄镇最大的船只。

谁能知道，只是作为一所电厂的普通江上交通工具，“鄂电轮”在此后的解放战争中为解放军英勇的渡江作战演绎了一段动人的传奇。

1949年，中国人民解放军准备发动渡江战役。驻扎在黄石港长江北岸的国民党，渡江逃往了江南。国民党军队在渡江之前，劫走了长江两岸的所有船只，劫不走的也都破坏殆尽了，企图以此阻止解放军渡江。

由于缺乏渡江工具，面对波涛汹涌的江水，对岸落荒而逃的敌军就在眼前，解放军却无能为力，只好停下前进的脚步，在长江边各处收集渡江船只。这时，停在江边待修的一条“废船”——大冶电厂的“鄂电轮”引起了解放军的注意，也就从此时开始，“鄂电轮”开启了其建立丰功伟绩的征程。

在此需要提起的是，既然在国民党撤退之前对两岸的船只进行了掠劫和大破坏，那作为石黄镇最大的江上交通工具“鄂电轮”是如何逃过此劫的呢？

原来，在国民党军官搞破坏之前，为了方便日后解放军渡江作战，大冶电厂中共地下党组织负责人张维明早就指示修船工人张乃先、林炳初等设法将“鄂电轮”保存下来。张乃先、林炳初等人得到指示之后，为了防止“鄂电轮”被敌军捣毁或者劫走，就对其采取明修暗拆的方式进行了改装。他们将轮船的蒸汽机的一个轴承盖和一段蒸汽管拆卸了，并将它们和一部分螺丝用布包好，沉入了离船不远的江里。

国民党军官登上“鄂电轮”准备将它掳走，但通过一番搜查，军官们发现船的锅炉炉门已经被卸掉了，设备都被拆得稀巴烂，船舱到处布满煤灰，煤渣遍地，内部设施东倒西歪，脏乱不堪，就以为是一条破船，懒得下手倒腾搞破坏。在船上转悠了一圈之后，官兵们就悠哉地回去向上头复命了。就这样，“鄂电轮”成功地逃过了被破坏的命运，这也才有了渡江立功的后续。

解放军在收集渡江船只的时候，注意到了一直停在狮子山发电所江边的不怎么引人注意的“鄂电轮”，几名解放军便亲自到大冶电厂，找到相关领导询问“鄂电轮”的情况，提出想使用“鄂电轮”渡江追击敌军的想法。张乃先等人告诉解放军“鄂电轮”没啥问题，可以使用时，几名解放军喜出望外。为了配合解放军渡江，大冶电厂负责人随即下令修复“鄂电轮”。在大冶电厂其他工人的配合下，经过两天一夜不停歇地抢修，“鄂电轮”终于完好如初了。轮船被清洗打扫得焕然一新，以崭新的面貌等待着解放军登船启航。

在“鄂电轮”被修复之后，解放军战士准备渡江时发生了一段有趣的小插曲：解放军战士们都求战心切，纷纷要求第一批过江，一时部队里气氛热烈，士气高涨。然而，在即将渡江时，部队却遇到了“大麻烦”。原来，部队里的解放军战士大部分是北方人，自嘲是“旱鸭子”，大家一见到波涛汹涌的江水，江面宽、水势大，听说还有可能遭遇“江猪”（江豚）撞翻船的危险，不少人胆怯了起来，迟迟不敢上船。最后，还是一位来自南方的战士打消了大家的疑虑，渡江战役才得以顺利开展。

一声长鸣的汽笛划破长空，“鄂电轮”在解放军战士的指挥下，拖着几只木驳船，浩浩荡荡地驶向了敌军所在的江对岸。在渡江的过程中，“鄂电轮”冒着敌军的枪林弹雨，几次死里逃生，一次次地拖着驳船日夜不停地把大批部队、武器装备和粮食源源不断地运过江。作为渡江主力船，“鄂电轮”运送的解放军战士至少1万人。

“鄂电轮”是解放军在黄石江段投入渡江的第一只船，支援前线运输的

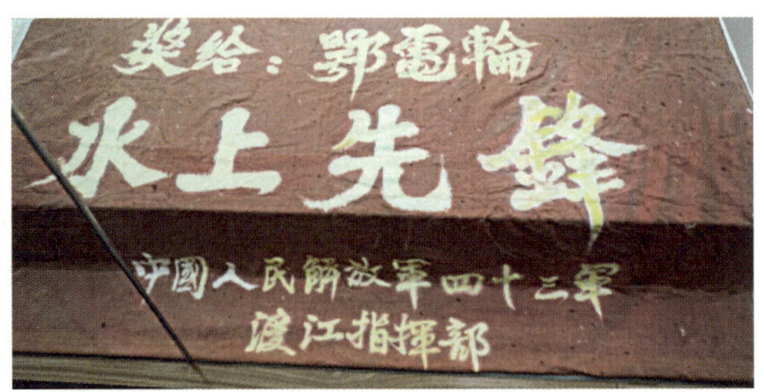

水上先锋“鄂电轮”

先锋轮，同时还是人民解放军渡江指挥部的指挥轮，为解放军的渡江战役立下了汗马功劳。在渡江战役取得胜利之后，由于支援前线有功，“鄂电轮”被人民解放军渡江指挥部授予“水上先锋”锦旗一面。

选自《百年鄂电——透过文物观发展》，选用时有增改

延伸阅读12

武汉解放前夕，发生在汉口既济水电公司的一场没有硝烟的较量

1949年公历新年刚过，农历春节即来。但是，位于长江中游的华中重镇——武汉，却无一丝一毫新年的气氛，连空气也仿佛凝固了一般。这天，天空混混沌沌，云层压得很低很低；从新疆和外蒙古袭来的寒流，使三镇气温骤降。阴冷潮湿的西北风把电杆上的电线刮得“呜呜”作响——暴风雪就要来临了！

然而，此时更使国民党反动派惶恐不安的却是，自1948年11月7日开始的由中国人民解放军第二、第三两野战军联合发动的淮海战役，到1949年元月10日，历时55天，共歼灭国民党军队55万余人，致使华东、中原及长江以北地区的国民党残兵败将、国民党政府官员犹如惊弓之鸟，纷纷向南溃逃……霎时间，把本已处于水深火热的大武汉，进一步推到风雨飘摇的境地中……

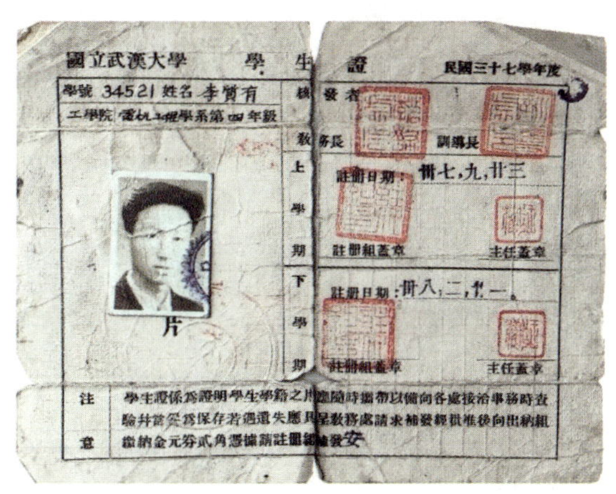
國立武漢大學　學生證　民國三十七學年度

學號 34521 姓名 李質有

工學院 電机工程學系第四年級

片

校長

教務長　訓導長

上學期　註冊日期：卅七，九，廿三

註冊組蓋章　主任蓋章

下學期　註冊日期：卅八，二，廿一

註冊組蓋章　主任蓋章

李质有1948年的武汉大学学生证

此时，正在武汉大学电机系学习的李质有，接到地下党组织的指示，为了一项

临时任务前往汉口既济水电公司。

进入武汉大学初期就加入武汉地下党组织的李质有，在学校一直从事领导学生反抗国民党黑暗统治的革命运动，已成为国民党军统特务黑名单上第4号人物的他，早已将生死置之度外，无数次穿越封锁线，冒死将宣传革命的报刊书籍运到校园，分发给广大师生。在接受此次任务之前，三位学生已惨遭国民党特务的毒手，来不及擦干眼泪，顾不上自己已成为下一个暗杀对象，李质有义无反顾地来到汉口既济水电公司，见证了一场轰轰烈烈的汉口既济水电公司护厂斗争。

淮海战役结束后，全国形势已发生了急剧的变化。现在，经过三大战役，国民党的精锐部队已基本消灭，国民党的土崩瓦解指日可待。1949年5月，人民解放军逼近武汉。1949年5月，人民解放军逼近武汉。盘踞武汉的反动派势力叫嚣着把一个废墟留给解放军。

这个时期建立了中共既济水电公司地下党支部，在护厂斗争中提出了“不让水电停一分钟”的口号，要求党员以及党的两个外围组织“工协”“新建协”的成员在斗争中发挥带头作用，利用他们的威信去动员群众、发动群众。同时成立护厂队，采用灵活手段保护工厂财产。

5月13日，一伙国民党士兵背着炸药包来到襄河边，准备炸掉电厂的抽水泵船。炸毁抽水泵船所产生的严重后果不堪设想。汉口既济水电公司的地下党决定动员一切力量，不惜一切代价保护水塔，保护马达抽水船，不能使自来水断流一分一秒!

汉口既济水电公司的职工们在地下党的宣传、动员下，早已组织成了一支能战斗的队伍。他们得知敌人的破坏企图后，在地下党员的率领之下，一个个都奋不顾身地手执棍棒，站在抽水泵船上，敌人如果胆敢上船安放炸药雷管炸船，他们就缠住敌人，与敌人在船上同归于尽。

肖怡兴等护厂队员赶到河边，抽掉船上的跳板，一边与国民党士兵软拖硬磨，一边迅速取来100块银圆表示“慰问”，使他们放弃了炸船的企图。宗关水厂抽水泵船也是敌人爆炸的对象，党支部书记冯伯城派人用200块银圆买通驻军营长，使炸船计划流产，保全了工厂设备。

5月15日的清晨，电厂地下党员接到情报：国民党的一个工兵排在敌排长率领下，包围了大王庙电厂，强迫职工将没有拆卸完毕的重要机器、设备立即拆卸装箱，随军抵达武昌徐家棚火车站，乘车前往广西柳州。来不及拆运的大件，就地实施爆破，情况十分危急。毫无疑问，电厂是现代大城市的能源中枢。无论是革命斗争的需要，还是解放以后，其重要性都是不言而喻的。

敌人破坏电厂的企图，是汉口既济水电公司地下党组织和电厂职工都已意料到的。所以，在电厂内部的地下党和进步工人的引导下，全厂上下提出了一个“誓与机器共存亡”的口号！职工们都奋不顾身地把六七百斤重的发电机、电动机搬到了底层地下室。敌人发出拆迁到广西柳州的命令后，大家磨磨蹭蹭地拆下个别废旧零件做个样子；与此同时，他们把搁置在仓库里不能用的破烂机器分别装入几个漂亮的大木箱内，让敌人搬走，运往柳州；而把贵重的重要设备藏起来。此外，电机室，既不能拆，也不能卸，职工们就进行伪装，在入口地方堆满梯子、瓶子及破烂家具，门外走道里又放了三四寸深的水，窗户用沙袋堵死……

工兵排把电厂包围之后，一面强迫职工把未拆完的机器拆下，装箱；一面从卡车上卸下炸药、雷管，做爆破准备。气氛十分紧张。在地下党员的带动下，全厂职工沉着应战，迅速按值班、保卫两个组行动。值班的坚守各自的岗位，保卫的用沙包堆积在门内和窗户上。部分纠察队员手执木棍，拥到门口怒吼着：“谁炸电厂，我们就同他拼了！”而另一部分老弱病残职工及家属，则两个一团、三人一伙，将一个个敌兵围住，递烟给他们抽，和他们讲理，拉家常。敌排长气得直跺脚，他拔出手枪，正要下达爆破命令，却被几个围上来的职工推推搡搡地把他弄进了电厂办公室。递烟，不抽；泡茶，不喝。他硬是要立即执行爆破命令！

正剑拔弩张、相持不下时，早已是我地下党成员的汉口保警总队副大队长孔庆凡火速赶到电厂，带着几名警卫，冲进了电厂办公室。

敌排长看着他身后侍立的几名虎视眈眈的警卫，正欲喊几个士兵进来为自己壮胆，可当他把眼光伸向窗外时——哟，保警总队足足来了一个连！常言道，好汉不吃眼前亏。于是，敌排长的声音顿时低了好几度，态度也变得缓和了。

孔庆凡神情严肃地道："刚才白崇禧总司令亲自打电话给本总队部说，因车厢和车皮紧张，电厂的设备器材决定不往广西调运了。他命令该保警总队派员监拆。"

"这……不可能吧？我们是奉上司之命前来监拆，并执行爆破任务的。"

"这样吧，请到总机房，要接线员接通白总司令的直通电话，你亲自问他好了。至于你的上司的命令，那好说，他能不听白总司令的命令吗？"

孔庆凡的一番话说得敌排长神不附体。他一个小小排长岂敢直接打电话给白崇禧。他于是连声说："不必，不必！我信，我信……"

"信就好！"孔庆凡趁机对身边的电厂职工递了个眼色，"弟兄们辛苦一趟，现在就要离汉南下，能不表示表示吗？一双草鞋钱总还出得起吧？嗯？"

旋即让人取出一百块现洋，送到敌排长的手上。

"一点小意思，不成敬意……"

"怎么样？不嫌少吧？"

"行，行了！有点表示，我，我也好向下面的弟兄们交代。"敌排长接过现洋，走出大门，命令工兵排上了卡车，扬长而去。

汉口既济水电公司水电工人在地下党支部的领导下，用自己的智慧和力量与国民党反动派顽强周旋，终于将水电两厂完好无损地保存了下来。

5月16日上午10时许，汉口北郊，宽敞的马路尽头，人们发现从岱家山的方向有一个小黑点朝市区的方向涌来……那黑点逐渐变大……人们看清了，那是一匹马，马上坐着一个人民解放军骑兵战士。

接着，人民解放军的入城部队整车整队军容整肃威武雄壮，一面唱着《中国人民解放军进行曲》，一面向手舞红绿小旗和花束夹道欢迎的市民群众挥手致意。队伍浩浩荡荡地行进着，欢迎群众和穿着绿色军装的战士们交融在一起。放眼望去，就像一条绿色的河流，流淌在繁花似锦的两岸之间。

解放区的天是明朗的天，

解放区的人民好喜欢……

保护汉口既济水电公司而浴血奋斗的水电职工们听到这轻快的歌声，看到这欢乐的情景，像深游水底很长时间的潜水员，突然浮出水面，见到了光和日，呼吸到了新鲜空气，那扑簌簌的泪珠儿，一串串，情不自禁地从他们的脸上淌下来……

人流中，一条上书“天亮了”三个金黄色大字的红横幅，又猛地把大家的心弦拨动了。每个人都在心中默默叨念着：呵，天亮了！天亮了！

汉口既济水电公司终于完整地回到人民的怀抱中啦！

选自2021年3月19日“国网武汉供电”公众号，选用时有删改

作者：黄捷

第三章

建设红色江山：国之脊梁的电力担当

习近平总书记指出："把红色基因传承好，确保红色江山永不变色。"

中华人民共和国成立后，为建设红色江山，从烽火战场走下来的革命者，从校园走出的生力军，从革命家庭走出的后代，一批批进入湖北电力，形成一股红色力量。在电厂电网建设的战天斗地中，他们融入了鄂电人艰苦奋斗的创业精神。在电靓乡村、抢险救灾和援外工地上，他们展现出人民至上的为民情怀。他们生动诠释了国家电网"顶梁柱、顶得住"的责任和担当，用坚持和热血，交出了一份"忠诚于党，真情为民"的人民满意的答卷。

第一节 对党忠诚的政治基因

建国初期，一批参加抗日战争、解放战争的革命英雄转变身份，投身湖北电力建设。一批红色电力专家留在湖北电力，继续贡献力量。其后，一批革命后代先后进入湖北电力。所有这些，汇聚成对党忠诚的政治基因。

一、革命英雄进入湖北电力

南下北上领导湖北电力建设

中华人民共和国成立后，湖北电力事业发展翻开崭新一页，一个个电厂相继建设，并且向电压等级更高的电网快速攀登。此时，一批从烽火岁月中走来的革命英雄，南下北上来到湖北，成为建设大军的领导力量。

1. 王相卿

1942年，地处黄河之滨的邯郸馆陶县一个普通的村庄，日寇将一名农村妇女捆在树上，逼问她："说，你儿子在哪里?"说着，用刺刀比画着要挑死她。

"不知道!"农妇始终不松口。敌人无奈，只能放了她。离去的时候，日寇气急败坏地将这户人家的大门板给卸走了。

农妇的儿子名叫王相卿，那年刚满27岁，任馆陶县抗日联合政府田赋征收所主任、财务科科长，承担着抗日政府、县武装大队经费筹集和管理的重任。他同时是一名地下共产党员。

1938年5月，因不能忍受祖国山河沦丧，王相卿丢下教书先生的饭硪，毅然在山东投身于全民族抗日战争。这年7月，他加入中国共产党。从此，他为党的事业奋斗一生。

日寇占领馆陶县城后，国民党政府瓦解。为解决新建的抗日政府收入来源，王相卿受中共馆陶县委委派，通过家族人脉关系，将田亩册子搞到手，从而打开了田赋税的征收局面。

晋冀鲁豫是共产党领导的八路军主力及抗日武装活动主要区域，较早建立了抗日根据地。日伪敌军将共产党领导的抗日根据地划为非治安区，频繁进行搜捕与扫荡，并以蚕食战略围困、分割、封锁根据地，实行抢光、烧光、杀光的“三光”政策，以图彻底摧毁抗日根据地生存基础。在扫荡与反扫荡斗争异常残酷激烈的情况下，王相卿多次遇险又死里逃生，曾经通过里应外合将伪七区占领的南馆陶卫东区公所全部武装消灭，也曾和战友一起击毙日寇及伪军多人。由于居无定所，为掩护身份，他多次改名。当抗日政府运送公粮，穿越敌占区有困难时，王相卿的父亲出面掩护送粮车队穿越敌占区，将公粮运送到根据地。

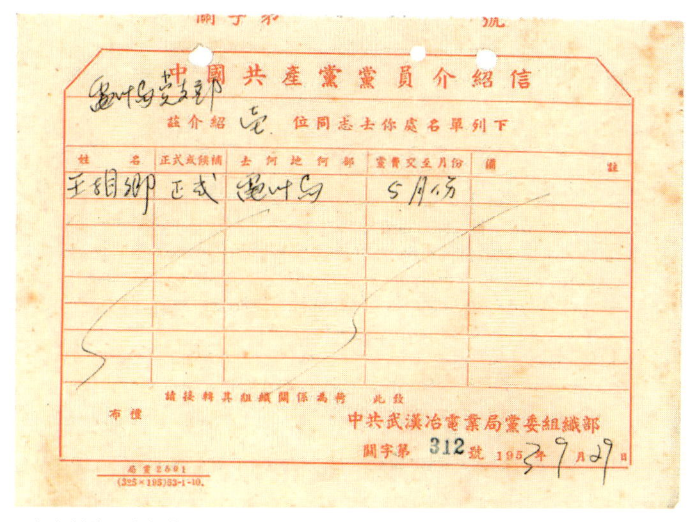

中國共產黨黨員介紹信

[illegible]

茲介紹 壹 位同志去你處名單列下

姓名	正式或候補	去何地何部	黨費交至月份	備註
王相卿	正式	[illegible]	5月份	

請接轉其組織關係為荷　此致

布禮

中共武漢冶電業局黨委組織部

關字第 312 號 1953年 9 月 29 日

局黨2591

(325×195)53-1-10.

王相卿的党员介绍信

1947年，王相卿随刘邓大军挺进中原，千里跃进大别山，抵达中原后，曾任金寨县县长。金寨是大别山的中心，也是敌人重点争夺的地方。解放军主力部队转到外线作战后，王相卿带领留守人员坚守阵地，开展游击战。大别山的斗争非常艰苦，人员伤亡很大。在一次战斗中，王相卿也不幸受伤，好在经过治疗，恢复了过来。

在其后的淮海战役中，为支援渡江战役，王相卿负责由霍邱县运公粮25多万千克，通过50多条民船，走水路送到潢川，保证了大军渡江的粮食供应。

1953年，王相卿作为南下干部，离开信阳专署副专员岗位，来到武汉，筹建当时关内第一大火力发电厂——青山热电厂，从此成为湖北电力事业中的一员。

2. 高更用

1953年，在青山热电厂筹建处，同为南下干部的还有曾任大连市中山区委书记的高更用。高更用小时候家里很穷，读完小学就念不起书了。受表哥的影响，他希望长大后能进入电力公司工作。于是，他白天卖报，晚上上英文夜校，为将来考电力公司做准备。正是上夜校的机会，让高更用接触到了党的地下组织，懂得了抗日救国的道理，参加了新四军。青山热电厂筹建处成立后，和王相卿一样，高更用担任了筹建处副主任。

高更用随四野南下到湖北是1949年6月，那个时候，他的身份是鄂南电力公司军事接管小组副军事代表。参与青山热电厂筹建处的人需要具备的基本条件是经过革命战争的考验、家庭出身清白且文化程度达到高中水平。因为革命年代的淬炼，高更用符合条件抵达了武汉。

3. 一批革命者南下北上

他们中间，有1938年参加革命、曾任鄂豫皖抗日根据地项城县县长的文治平。1951年，文治平南下武汉，历任汉口电厂厂长、武汉冶电业局副局长、湖北省电力厅副厅长等职。

有1938年参加革命，曾任怀德县财务局局长、辽西二分区供给部部长的王华庭。1953后，王华庭南下武汉，历任中南电业管理局办公室主任、武汉电业局副局长、湖北省电力厅副厅长等职。

有1938年参加革命，曾任湖南桂阳县县长的孔空。1953年，孔空北上武汉，历任中南电业管理局器材处处长，湖北省电力工业厅计划处处长、副厅长。

有1938年参加革命，曾任新四军六支队团政委，威县、睢县、唯宁县委书记、县长的李培棠。1952年，李培棠从商邱专署副专员岗位调任武汉冶电业局局长兼党委书记。

有1944年参加革命，曾任第二野战军一纵队政工队区队长的王国治。1953年，王国治南下武汉，历任电力工业部开汉基本建设局第41工程处党总支书记、湖北省电力公司党委书记等职。

有1948年参加革命，曾任广东惠阳县委组织部部长的马秀山。1954年，马秀山北上武汉，历任武汉供电局副局长、党委书记，湖北省电力工业局局长等职。

历经革命战争的考验，这批人从全国各地南下、北上来到湖北电力，他们将坚贞勇毅的优良品质融进了血脉和骨髓，将红色的基因和种子带到这片热土，为湖北电力人坚定理想信念、担当时代重任、厚植人民情怀提供了重要支撑。

从战火中走来

中华人民共和国成立后，一大批从烽烟战火中走出的战士，成为湖北电力中的一员。他们深厚的爱国情感和强烈的担当精神深深融入了红色文化之中，成为红色基因最鲜亮的底色，并在各自的岗位上赓续红色血脉，发光发热。

1. 刘仁全

1931年，刘仁全出生在宜昌当阳。1939年，侵华日军侵犯当阳，刘仁全的8个兄弟姊妹全部被屠杀，年仅8岁的刘仁全躲进草垛捡回一条命。日暮落下，等他扒开草垛，最亲近的家人早已身首异处。趴在冰冷的尸体边，他一声也泣不出来。

长大后，刘仁全满怀国恨家仇参军报国，跟随部队转战鄂西南、湘西地区，肃清地方武装，打击土匪恶霸。

1980年，退伍的刘仁全进入宜都县电力局。当时正值改革开放春风吹遍神州大地，为适应地方经济发展需要，满足日趋攀升的用电需求，满怀干劲的刘仁全全身心投入到电网建设之中。

1981年11月110千伏古老背变电站的开工建设就是其中的一个缩影。在建设施工期间，负责现场施工的刘仁全突患肾结石，他强忍腹痛，坚决不下火线，咬牙在现场继续指挥，后因无法维持站立，才被同事们紧急送往宜昌医院就医。大家都以为他会在医院卧床休息，然而术后没几天，同事们在工地上又看到了他紧张而忙碌的身影。

妻子说他这么多年“不争福利、不争待遇、不争是非”，刘仁全则说：“那些牺牲的战友们、朋友们都没有机会看到这么崭新的生活，我已经很幸运了，还能够再奢求什么呢？！”

2. 张定彪

1948年9月，16岁的张定彪被国民党抓壮丁，当了一名传令兵，两个月后，在湖南慈利县与中国人民解放军对战时被俘。被俘后，张定彪发现解放军军纪严明、官兵平等，他觉得解放军是为老百姓打天下的部队，于是毫不犹豫地加入了解放军。其后，他参加了解放战争、川南剿匪战斗、抗美援朝战争。

在朝鲜战场，由于志愿军没有制空权，从国内辛苦筹集的粮食，很多被敌军炸毁。即使粮食到了阵地上面，一旦生火做饭，就会被敌机发现，免不了一顿空袭，为此，志愿军将高粱面粉放点盐炒一下，便“一口炒面就一口雪”地生活。

战争非常惨烈。有一次，美军将燃烧弹投掷到张定彪所在的房子，瞬间燃起了熊熊大火。当时张定彪和团长正在院子内谈话，因为他个子高，一把将团长用双手顶起来，推出了高高的围墙，自己也一跃而起，翻出了围墙。而住隔壁房间的战友和房东，却没有躲过劫难。

因为作战很勇敢，连队发展张定彪入了党。

当时指导员问他：“你想加入共产党吗？”

他说：“想呀，做梦都想。”

因为没有上过学，指导员安排一个连队文书教他写入党申请书。之后，连部送他到文化学校，学习了认字和写字。

张定彪（左）在抗美援朝战场

1975年，张定彪进入荆门电力，成为一名建设者。当时荆门县连续几年旱情严重，因为没有电，农民没办法抽水灌溉，粮食连年减产，当地不得不在旱情最严重的后港区建设荆门第一座110千伏农用变电站。张定彪的任务就是负责变电站建设的筹集资金、征土地、建房子、招人员等工作。

为筹集资金，他深入各公社和老百姓的家里，讲明只有建了变电站，才能建抽水泵站。只要解决了抽水灌溉的问题，农业丰收就有指望。在他的宣传下，各公社、生产大队、小队和老百姓都发动起来了，捐款捐物，农户们纷纷卖了鸡蛋来捐款。就这样，资金很快筹足了。当年8月，后港变电站和两个泵站全部竣工，一举解决6万多亩良田的灌溉问题。

工程投产之日，如同过节一般，群众顶着骄阳，身着艳装，云集于泵站边。看着湖水通过电灌站哗哗地流入农田，群众欢呼雀跃，奔走相告。

从早到晚，泵站边人潮涌动，络绎不绝。

看着这样的场面，张定彪感慨万千，从战场上一路走来，今天，能为祖国的建设再立新功，他没有辜负当年指导员的厚望，没有辜负党组织的培养。

3. 胡春茂

1951年，胡春茂所在部队举行抗美援朝动员大会，政委提出自愿去支援朝鲜的就在红布上签下名字。胡春茂随战友们蜂拥而上，毫不犹豫地签了字。

刚到战场，胡春茂什么也不清楚。之前到的党员战友教他如何躲避炮弹、如何挖坑道。上甘岭战役的时候，有一天晚上，他与两名战友一同穿越战斗高地传递营长的作战口信。途中，战斗突然打响，敌人的燃烧弹一颗颗落到高地上，战场如同白昼，不远处爆炸的手榴弹震得他们脑袋嗡嗡作响。为了躲开飞溅的手榴弹壳碎片，胡春茂趴下身子，再抬头时，他发现前方的战友已经牺牲，身后的战友也不见踪影。他来不及悲伤和害怕，只想着赶快完成任务。顺利传递完作战信息回到营地，他才发现自己的左小腿不知何时被子弹打中，血浸得裤腿一片鲜红。

因为在战场上的优秀表现，从朝鲜回国后，胡春茂被批准入党。他清楚地记得，在指导员带领下，面对一面鲜红的党旗大声跟读入党誓词。

从部队转业后，胡春茂进入了随州供电。那时，他对电力工作的了解仅限于会爬电杆，对供电所的工作更是一窍不通。但是胸前佩戴的党员徽章激励着他，他害怕自己做得少了让别人觉得这个党员徒有虚名，每天向供电所里一位小伙子请教、学习。他不怕别人笑话，唯一怕的就是大家说他这个党员当得不合格。

“我这辈子最光荣、最不后悔的事情就是参了军、入了党。”这是胡春茂的心里话。

胡春茂在部队用的指北针

4. 冯国清

“我是战场上幸存下来普通士兵中的一员，名不见经传，也没有赫赫战功。一路走来，飘扬的党旗引领我不断成长进步。”2021年，88岁的襄阳供电公司离休职工冯国清如是说。

冯国清是襄阳谷城人，14岁那年，在流浪途中被国民党抓了壮丁。15岁参加中国人民解放军。随后入川参加解放战争，再入朝参加抗美援朝战争，直到1978年从部队转业到原襄阳县电力局，担任副局长。

在他的手边，一直有一本名为《红旗飘扬在老秃山》的书，该书由中国人民志愿军猛攻部政治部编印。这本书所写的，正是他战斗过的地方。这本书一直激励着他不停地奋斗、前进，为革命干好本职工作。担任县电力局副局长后，他带头执行政策，把爱人安置在生产一线的电线厂工作，而不是局机关。

把一切献给党

因为从战争中走来，一批进入湖北电力的革命者，用“把一切献给党”的精神，在各自岗位上建功立业，把红色基因融入湖北电力事业。

1. 愿意随时为革命牺牲的耿瑞珍

“我深刻地认识到只有在中国共产党的领导下，中国人民才能获得解放和自由，中国才能走向繁荣和富强！只要革命需要，我随时可以为革命牺牲。这就是我当时最真实的想法。”2021年，从国网湖北电科院离休、已经94岁高龄的耿瑞珍回忆1948年申请入党时的情景，如是说。

1927年1月，耿瑞珍出生于河北省保定市唐县拔茄村，这里地处京汉铁路沿线。华中平原沦陷后，沿途车站都是日军据点，这里也成了晋察冀边区对敌斗争的前沿。平原游击队、敌后武工队的故事都发生在这一带。

1937年年底，村里来了一大批八路军，军容严整，村里人都说是共产党的抗日队伍，让百姓看到了希望。八路军在村里开展抗日宣传，好多年长的同学都报名参军了，10岁的耿瑞珍还不到参军年龄，就参加了村里的儿童团，站岗放哨、查路条（出入通行证）。她目睹过村干部大会遇袭，掩护过地下党，还挖过地道。最残忍的是，她目睹过村民、校工、妇女主任被日军虐杀。她的多位亲人也先后投笔从戎参加了抗战，有的在战场上牺牲了。1948年4月，在完成了地方土改任务后，耿瑞珍表达了她的入党意愿。

1983年，在全省电力工作会议上，领导向耿瑞珍颁奖

她铭记着那些在战争中牺牲的亲友和同志，并带着这些融入骨血的记忆，在1952年南下进入中南电业管理局。1959年3月耿瑞珍调入湖北省电力中心试验所（湖北电科院前身）担任党组书记。

电科院组建的时候，没有仪器，只能集体攻关、自主研制，后来勇担了我国第一条500千伏输电工程试验任务。通过实践和工程培养人才，是耿瑞珍作为党组书记一直坚持的导向。正是这个导向，为湖北省电科院最终在全国特高压工程试验研究处于领先地位打下了坚实的基础。

把一切献给党，最具体的实践就是为电力科技的发展不遗余力输送人才。这是耿瑞珍最能做并且做好了的一件事。

2. 放弃荣军残疾证补助的王相卿

把一切献给党，在王相卿这里，同样有丰富的诠释。

1996年7月，82岁的王相卿离开人世。临终，他嘱咐家人把骨灰埋在大别山。因为当年随他南下的大部分战友在大别山流尽了最后一滴血，没有看到全国解放。他想永远与那些老乡、战友相伴。

从抗日战争到解放战争，王相卿心中铭记的战友太多太多。怀念这些牺牲的战友，最好的方式便是全身心投入到新中国的建设。

在青山热电厂筹建处，王相卿把全部的身心投入到电厂的建设中。1953年11月，王相卿的大女儿在河南潢川出生时，他正在工地上紧张忙碌。当时全国上下掀起了社会主义建设高潮，他给女儿取名“建华”，以表达对火热时代的无限热爱。1955年11月，青山热电厂一期工程正式破土动工，王相卿也抡起洋镐开挖。此时，他的小女儿来到人间。小女儿出生时是难产，医院通知王相卿到医院办理手术签字手续。他头天半夜里赶到医院，天不亮又赶回青山工地。

他在大别山打游击时负过伤，解放后，老战友劝他办个荣军残疾证，还可以享受一些补助待遇。王相卿却认为新中国刚成立，国家还很困难，自己的腿还可以走路，何必去增加国家的负担呢？他主动放弃了荣军残疾证的办理。在与病魔抗争的最后时刻，王相卿郑重地对儿子说：“我对党的革命事业作出了应有的贡献！”

3. “红旗厅长”赵墨轩

1935年，23岁的赵墨轩加入中国共产党，以教书为掩护，从事党的地下工作。建国后，他从湖南省芷江专署专员岗位来到电力部门，多年担任湖北省电力厅（局）长、党组书记。国民经济困难时期，他冒着严寒酷暑与电力建设者吃在工地，住在工地，依靠老工人和技术人员，克服重重困难，按中央要求提前完成青山热电厂5号机的安装和220千伏武汉长江大跨越输电线建设工程，缓解了湖北省电力负荷紧张局面。湖北省省长张体学号召全省各级领导干部，学习赵墨轩同志艰苦奋斗的革命精神，赞誉其为“红旗厅长”。

延伸阅读13

人民政协特邀代表　鄂南电力公司技工周建寅访问记

当记者被引进华中出席人民政协特邀代表周建寅的住宅时，他正在同一位友人谈论这次北京开会的情形，并在准备着向工人弟兄进行传达。

当发现记者的来意并提到这次政协会的时候，他第一句就说："我们工人能参加这样大的盛会讨论立国大事，的确是无上的光荣"。他几次重复着说："这不是我个人的光荣，这是我们工人阶级的光荣"。

接着他说："就拿我参加的那个小组来说，有东北著名的劳动界老英雄刘英源，有鞍山一等功臣曹凤岐，有天津中纺三厂的护厂英雄黄如亭，有江南造船厂的技工李时良，有出名的子弟兵母亲戎冠秀，有热河省农民代表阎存林，总之我们那小组不是工人就是农民，这是我们劳动人民的光荣，更是我们无产阶级的光荣"。

当谈到这次大会他个人的收获时，他说："说起来真是半个月也说不完，特别值得提出来的是，我明白了团结四个朋友的重要，因为我是个工人，以前样样事总感到同工人在一起近，便不愿意接近一些别的人。这次在会上听到毛主席等的报告，及我们小组会上的反复讨论，我明白我们中国的革命光只有我们工人阶级是不够的，就是在建设新国家的时候，也一定得很好地团结我们的四个朋友，共同努力才行"。

其次，他说："我未去北京以前，常听到有些人说，人民解放军之所以有今天的胜利，不是人民解放军的力量大，是因为国民党反动政府太无能。当时这件事情在我脑子里也是模模糊糊、半信半疑。这回在北京部队机关的那天，我不只看到了我们有强大的步兵、强大的骑兵，我也看到了我们的坦克师、装甲师，还看到了我们的海军和我们的空军。这还只是北京一个地方的呢，如果把全国的解放军都算在一起，可大得多了，再加上毛主席、朱总司令的正确领导，不只可以消灭国民党反动派残余，不只是能保卫我们革命的胜利果实，就是在保卫世界和平上也能起很大作用的。"

谈到人民政协的各项决议，他说："这次会议所决定的各种文件中，没有哪一条不是经过多次讨论的，有些并且是经过几次研究和修改，只要你不是光从自己的利益着眼去看它，你就找不出哪一条或哪一个字不是对中国人民有利的。毛主席说，中国人民站起来了！我们中国人民的幸福，正在一天一天地增长着。我们工人阶级应该拿出全部力量来使它早日实现。”

提到苏联帮助中国建设时，他说：“我们不只应该以万分的热诚感谢斯大林大元帅和苏联的人民，我们更应该好好向他们虚心学习。因为在北京我亲自听到苏联文化艺术工作者代表团在欢迎大会上说，斯大林大元帅已经给他们的人民下了命令，要他们把几十年来的建设经验无条件地告诉中国人民。苏联的人民也都保证要这样做。”

另外，他又一再地告诉记者，说他自己在他们组里几个代表的身上学到了很多东西。他说：“头一个是劳动英雄刘英源，他的两只又粗又大的手，正说明他得到英雄的光荣称号的原因，同样也说明了他的劳动态度，因为劳动态度不好，或者根本不劳动的人都不会有那样又粗又大的手。另一个是人民子弟兵的母亲戎冠秀，当她领导她们村上的卫生工作时，开始大家都不愿意做，她先细心地走到每一家去说明卫生的重要和好处，后来她发现有些听了以后理都不理，或者推说没有扫帚，她就想法给她们借了扫帚，有了扫帚还是有些人不打扫，后来她就亲自帮助那些人家打扫，结果感动了很多妇女，都团结在她的周围，并且把她们村的卫生工作搞得最好。第三个是农民代表阎存林，勇敢面对批评与自我批评，把错误并不看成别人或他个人的事。他只从对人民利害大小出发，对人民利益有害的，他便不能容忍，就大胆地进行批评；对人民有利的，无论是任何人，他就表扬他们的好处。”对于这些英雄们，周建寅代表都打算订出计划来切实地向他们学习，并决定在一定时期以后，去信向他们报告学习的情形。

一人民政协特邀代表
鄂南电力公司技工一
周建寅訪問記

子琴

《人民政协特邀代表鄂南电力公司技工周建寅访问记》原载1949年10月17日《长江日报》第三版

最后他也谈了一些从北京回来的沿途见闻。他说：“从郑州到汉口，凡是他白天在车上所看到的桥梁，没有一座不是被敌人破坏过、又经过人民重新修起来的。”谈到这里，他感慨地说：“今后我们工人阶级，要做的工作还多得很，我们还需要更多的努力。”

延伸阅读14

全国人大代表彭仰钦

1902年，彭仰钦出生于孝感县彭家村。父亲早逝，母亲无法养活三个儿子和一个女儿。他13岁时即在本县公信永布店当学徒，后又转到口立新机器厂，因不堪忍受老板虐待愤然离去。

1923年，彭仰钦背井离乡，去甘肃陇南机械局学习技术，谋求生计。1929年回到湖北，参加汉口既济水电公司宗关水厂（即水电厂）招工考试，以名列前茅的成绩被录取。从此，跨进了水电事业的行列。

1938年8月，鉴于武汉即将沦陷的形势，彭仰钦举家迁回原籍务农。当时，日军及其走狗“皇卫军”常到乡下骚扰。在一次战斗中，新四军缴获了日军大量枪支弹药，其中一部分已损坏，经当地农民引荐，彭仰钦为新四军罗厚福部修枪数月，被聘为随军机械修理技工。后来部队转移，经同意他回家继续种田。日本投降后，彭仰钦又回到了汉口既济水电公司宗关水电厂，仍当钳工。

1946年，蒋介石发动全面内战，造成物价飞涨，民不聊生，工人生活日益艰难。彭仰钦利用水电工会理事的合法身份，组织工人开展互助活动。他还经常在晚上率领工人收水电费，将收来的纸币及时兑换成银圆，发放给职工，帮助职工渡过难关。

1948年春，在彭仰钦等人的秘密组织下，宗关水厂80多名临时工人抗议厂方无理扣压几个月的工资，包围了公司的办公楼，迫使经理答应了工人提出的临时工转正、补发拖欠工资及按月发薪的要求。在此期间，彭仰钦结识了地下党负责人王伯谦、冯百城。次年4月，他光荣地加入了中国共产党。宗关水厂中共地下党小组成立后，彭仰钦和冯百城发展了一批新工人协会会员和新民主主义建设协会会员，使党的外围组织不断壮大。

1949年年初，中国人民解放军逼近武汉，国民党军队南逃时，将宗关水厂列为破坏的工厂之一。彭仰钦组织了274人的护厂队派人分段值勤，对供水、发电设备指定专人重点保护。同时，他设法用200块银圆买通驻宗关的国民党营长，使汉江取水泵船免遭破坏，并把埋设在水厂四周的地雷分布图弄到手，为护厂、扫雷起了极为重要的作用。他把护厂斗争与工人群众的切身利益结合起来，团结一批核心分子组织了“活命会”“福利委员会”与伪工会的活动相抗衡。他个别地对技术人员、职员做耐心细致的政策宣传工作，使一些思想动摇的人安心留厂，并通过他们将一批重要的图纸保留下来。他还发动附近居民中的骨干分子，监视水厂周围的坏人，不许他们乱说乱动，通过彭仰钦等人的一系列工作，保证了水厂的安全，保证了市民的用水和供电。

武汉解放前夕，彭仰钦以急切、兴奋的心情和冯百城、黄东海、余汉藻等在水厂化验室内书写“欢迎解放军”的标语。1949年5月16日，他与谢世弘等人一道赶往丹水池迎接解放军先遣部队进驻水厂。同年9月，彭仰钦任武汉市总工会筹委，12月被选为宗关水厂工会主任。

1951年，彭仰钦被武汉市人民政府委任为宗关水厂厂长，是武汉的第一名工人厂长。不久，他又担任武汉冶电业局第五发电厂厂长。在国民经济恢复时期，他领导工人进行电力建设，在实行经济调度和降低煤耗方面作出过重要贡献。1950年2月以前，汉口既济水电公司每发一度电要1.7千克煤，从而每月要亏损旧人民币达3亿元之多。他与工人一道，积极钻研技术，改进操作方法，组织工人开展降低煤耗率的竞赛。不到一年时间，发电煤耗由1.7千克/（千瓦·时），先后降到0.935、0.743、0.6千克/（千瓦·时），使汉口既济水电公司每年为国家节约大量煤炭，并且扭转了亏损，因而他被评为武汉市特等劳动模范。

1952年4月，彭仰钦被选为中国工会代表团成员，到苏联参加五一国际劳动节观礼并访问。参观期间，他以纯朴的感情记述了观感。回国后，中南工人出版社出版了他的《访苏日记》。长江日报、新武汉报、大刚报、湖北画报先后登载过他的事迹。

1954年防汛期间，彭仰钦是武汉防汛指挥部供电系统专职负责人之一。7月18日，长江水位突破28.28米的历史最高记录。在紧要关头，他始终战斗在第一线，认真检查启闭设备是否灵活、备用电源是否可靠，千方百计地保证了防汛用电的需要。

从1954年起，他历任第一、二、三届全国人民代表大会代表。

1977年7月3日，彭仰钦因病逝世，终年75岁。

选自《中国电力职工英模谱》（1989年），选用时有删改

1954年，彭仰钦（后排右一）参加全国人民代表大会

二、红色专家在鄂电

在湖北电力发展的漫长历程中，一批饱含爱国情结的红色专家，贡献着他们的智慧和力量，成为红色基因传承的重要内容。

1959年，湖北省机械厅电力组组长黄文治来到襄阳。他发现这里电厂的三台发电机全部来自苏联。经过他的测算，以苏联优质的设备，电厂只需开两台机组便可满足电能的供应，如此下来，便节约了一个锅炉的所有费用。此后，他来到应城，帮助这里的膏矿业开采设计了自己的电厂。

黄文治是何许人？

1933年，黄文治毕业于上海交通大学电机工程专业，其后在上海东方电气公司和亚光制造厂任工程师。抗战最艰苦的岁月里，黄文治担任中国西南最大电厂宜宾电厂厂长。抗战胜利后，他从宜宾调到湖北，负责筹建武昌电厂和大冶电厂。1947年7月，武昌电厂与大冶电厂合并成立鄂南电力公司，黄文治担任公司总经理兼大冶电厂厂长。

1949年，此时，解放战争正进入尾声，国民党大势已去。当经济部资源委员会委员长孙越崎表示要坚守的时候，黄文治第一个站出来："我代表电厂系统发言，我愿意留下来，我们一生辛苦建设，我们要保护好。"

从南京回到武汉后，黄文治与中共武汉市委地下负责人江浩然取得联系。利用厂长身份，黄文治将江浩然安排住在电厂职工宿舍，并与其成为朋友。在江浩然指导下，黄文治组织了武昌电厂、大冶电厂的保厂护厂迎接解放工作。

1980年，时任武汉工学院教授的黄文治，郑重地向党组织递交了入党申请书。申请书中，他深情写道："回顾我国一百多年的历史，实践证明只有社会主义才能救中国，也只有中国共产党才能领导全国各族人民实现社会主义的现代化建设，实现共产主义。这是我从1949年开始接受党的教育，经过三十年来的学习、工作与生活实践，逐步建立起来

中国共产党入党志愿书

申请人姓名 黄文治

黄文治入党材料

的坚定不移的信念。”

也是在这一年，68岁的黄文治，成为一名光荣的共产党员。他用行动兑现入党誓言，从1980年到1985年，持续带了六届研究生，直到73岁高龄离开工作岗位。

新中国的湖北电力史上，有一批如黄文治一样的电力专家。他们中间，值得特别提到的，是孙保基。

1927年毕业于上海交通大学的孙保基，是黄文治的校友，曾远赴英国学习深造三年。1930年回国后他在杭州、南京等电厂工作。1937年他来到武汉，从此成为汉口既济水电公司乃至武汉电力事业的脊梁。

抗战胜利后，孙保基从四川回到武汉，着手汉口电业的接收与恢复，并出任汉口既济水电公司总经理兼总工程师。对于接管时的现状，他曾这样回忆：“锅炉里边积满了水垢，管子的损坏，进煤机的破裂，真所谓千疮百孔。水厂里的水池子也积满了污泥，有一人多深的厚度，要恢复全市80万人口水电供应，真是一个艰巨任务。幸赖全体员工勠力同心，任劳任怨，努力工作，尚能配合用户需要，供应无缺。”

其后，由于币制不稳，燃煤紧张，公司几度有断炊之虞，孙保基轮流派空班工友在各营业处所协同向用户解释，博得用户之谅解，公司业务勉强维持。

新中国成立后，孙保基积极组织汉口既济水电公司技术革新，使老发电机的燃煤率从2公斤降到1.66公斤。

1951年，孙保基出任新成立的武汉冶电业局副局长。1956年，虽调离湖北，他一直工作在电力战线，并以技术人员的身份两次去苏联，一次去民主德国采购设备，被誉为红色专家。1959、1960年，孙保基两度被推选为全国政协委员。1963年，北京电影制片厂拍摄了他一家工作和生活的纪录片——《新中国红色工程师的家庭》，向国外宣传。

1979年1月6日，水利电力部主持，在八宝山革命公墓礼堂为孙保基举行骨灰安放仪式。

他们中间，有1944年毕业于中央大学电机系的张育英。中华人民共和国成立前，张育英曾任汉口济既水电公司助理工程师。中华人民共和国成立后，正是在他的组织下，武汉地区交流、直流，50赫兹、60赫兹共存的供电系统改造为交流50赫兹的供电系统，彻底改变了交直流共存、频率不一的混乱局面，并把2.3、6.6千伏的供电电压统一升压为10千伏供电。1951年，武汉市人民政府授予张育英"劳动模范"称号。1954年，在防汛战斗中，他再度被武汉市防汛总指挥部评为一等功臣。

20世纪70年代初期，湖北电网结构薄弱，张育英组织开展电网稳定控制技术及设备的试验研究，使湖北电网的运行状况有较大的改善。其后，他又亲自指挥国内第一条平顶山—武汉500千伏超高压输变电工程的系统测试工作。

1989年6月，正在进行葛洲坝—上海500千伏直流输电工程换流站系统调试的外国专家突然要求撤离。张育英等极力向他们宣传我国的对外政策，在说服无效的情况下，要求他们签署"承担中止调试的责任"文件后，才让他们撤离。7月5日，在外国专家重返葛洲坝前，他又赶赴现场继续组织调试工作，直到投产送电。

几十年来，张育英兢兢业业为湖北省和华中地区电力事业的发展以及电网的安全稳定运行作出了重要贡献。其后，张育英出任武汉冶电业局第三线路工区工程师、湖北省电力工业局副总工程师、华中电业管理局副总工程师等职。

他们中间，有1932年毕业于上海交通大学电机系的王凯谋。1947年，王凯谋曾赴美深造，回国后任鄂南电力公司总工程师。曾经担任第一、五、六届全国人大代表。

他们中间，有1932年毕业于交通大学唐山工学院的李镇南。1934年，李镇南公费留学美国，先后在美国康奈尔、爱阿华、伊利诺等大学学习，

1938年回国。新中国成立后，他曾陪同周恩来总理查勘三峡坝址，并参与设计湖北丹江口、陆水、葛洲坝、隔河岩等水利工程，其中“葛洲坝二、三江工程及其水电机组”获国家科学技术进步特等奖。1956年，李镇南光荣加入中国共产党。

他们中间，有1947年毕业于中央工业专科学校电机工程科的邓泽绵。同年邓泽绵进鄂南电力公司工作。1949年5月，他参加护厂运动，协助将武昌电厂发电机上的调速器及重要部件拆下，搬进防空洞深藏，为解放后迅速恢复生产做出了贡献。新中国成立后，他一直在工程技术岗位工作，为武汉冶电业局继电保护工作做出了突出成绩。1984年，他光荣加入中国共产党。

他们中间，有1935年毕业于上海交通大学电力系的曹岩。1945年，曹岩赴美国TK・BPA公司电力技术中心学习和工作。1947年回国后任鄂南电力公司武冶输电线工程处主任。1949年4月，鉴于武汉市即将解放的形势，他奉黄文治委派，向国民政府资源委员会领到生产维护费，使鄂南电力公司的“应变费”得到了解决。他主持设计了我国关内地区首次兴建电压等级最高的66千伏武冶线。武汉解放后，他负责武冶的施工建设，使黄石与武汉联网，为建国初期武汉地区国民经济的迅速发展作出贡献。

他们中间，有曾任汉口既济水电公司电务课技工的顾廷标。1949年5月17日，汉口街上渍水过深，因电线漏电，解放军渡江行动受阻。顾廷标凌晨2时冒雨查线，消除故障，使得大军得以顺利前进。新中国成立后，他长期在武汉冶电业局、武汉供电局从事基建工作，因为工作出色被评为武汉市劳动模范。

三、湖北电力红色生力军

留苏学子归来

建国后，一批留苏学子，饱含对建设新中国的无限热忱，肩负着国家的使命，在苏联克服重重困难，刻苦学习专业知识和技能，在那块浩瀚的土地上度过了充满激情和理想的美好岁月，并将学到的技能回馈给湖北电力事业。他们秉承历史荣光，抒写留学报国新篇章的情怀，是湖北电力的宝贵精神财富。

1. 傅霞飞

1953年6月28日，北京燕京大学旧址上的俄文专修学校（也称北京留苏预备部），21岁的傅霞飞被推荐入党。

两个月后，他乘上国际专列前往苏联，成为列宁格勒加里宁工学院电机系发电厂电力网及电力系统专业的一名留学生。

出国前夕，周恩来总理专门在中南海怀仁堂招待大家，勉励大家好好学习、努力成为红色专家，将来回国好建设新中国。

刚刚解放的中国，国民经济尚未完全恢复，国家财政仍然相当困难，但是，国家对这批留苏学生十分优待。学子们出国前，小到牙刷、手帕，大到棉衣、大衣和毛毯，国家共为他们准备了5年的用量，为的是让他们到了国外可以毫无牵挂地一心一意读书，不为生活上的事儿分神。

周总理的嘱托，国家无微不至的关怀，让傅霞飞和同学们深深感动。如果不好好学习，真对不起国家和人民的培养与厚望。他暗下决心，一定要珍惜来之不易的机会，学好本领，当一名红色工程师，回来建设我们伟大的祖国。

热血沸腾地抵达苏联，语言上的不通成了他的首道难题，在北京几个月的俄语进修，远达不到听懂课的程度。

他每天学习时间都超过了16小时，除了吃饭、睡觉，就是上课，上自习室看书、抄笔记。每天做得最频繁的一个动作就是翻字典。学习到了半夜，困了时，就去户外滑冰场滑冰，清醒一下头脑。白天在大教室没听懂、未记上的内容，就借苏联同学的笔记，晚上复习。

功夫不负有心人，时间的推移让他对俄语的驾驭和理解能力越来越强。到第一学期结束，他的5门功课考试成绩全部是5分。

1959年，傅霞飞以全优的成绩毕业。全优的标志是，一个红皮封面的毕业证书。

回国后，傅霞飞在武汉水利电力学院任教，其后调入华中电管局。

2023年，傅霞飞自传出版，作序的是他曾经的学生：

“导师是我国电力系统稳定理论的奠基人之一。他编写的研究生教材《电力系统稳定与控制》，详尽揭示了电机机电暂态的本质，精辟论述了电力系统静态和动态稳定的机理，被广大学子和研究生视为珍宝……

“上世纪七八十年代，我国电力系统电网结构薄弱，稳定破坏事故频发……为适应电网发展需要，刚刚组建的华中电业管理局急需研究现代电力系统安全稳定的科学技术人才，就此，导师应召调入华中电管局，出任动能经济研究所总工程师。

“1985年，作为技术负责人，导师在动能经济研究所组建全要素生产率（TFP）科研课题组……导师以其坚实的理论基础，带领课题组，努力钻研学习，开展国际交流，广泛搜资和调研，推演数学模型和编写计算程序。通过两年多的努力，出色完成了电力部下达的这项科研任务，研究成

傅霞飞当年翻烂了的俄华辞典

果在全国电力企业推广应用……”

而在他的自序中，他写道：“整理如烟的思绪，回顾过往九十年的人生经历，告诉我如何用一生的忠诚行动回报党和国家的培养，实现七十年前对周总理的承诺……”

2. 赵双岭

1955年10月，20岁的赵双岭坐上了赴苏联的火车。他要去的不是大学，而是莫斯科电业局第18号电站、15号电站和4号热电厂。

赵双岭获得本次学习机会，是因为1955年，我国将引进苏联高温高压大机组，电力部从全国电力系统抽调一批有文化知识、有技术、政治条件好的年轻人到苏联去学习培训。此时，赵双岭正在苏联援建的363电厂工作，由于解放战争时期便参加过儿童团、上过中学且已经入党，他被选中，来到了莫斯科。

赵双岭深知，把工人培养成为一个红色专家，国家花的钱比培养一个大学生还要多，如果不好好学习，怎么对得起党和国家呢！

同行的共有46人，机、炉、电、化、热、检修、运行各工种各专业都有。赵双岭学的是汽机运行，通过学习，要全面了解汽机分场各种类型的高温高压机组性能、设备构造、系统连接、启停操作、事故处理、检修维护等，每天跟着苏联老师一起上班、工作、学习和生活。一年后，通过考试合格回国。包括赵双岭在内的16人被分配到武汉所在的青山热电厂，这座电厂由苏联火电设计院设计，主要设备由苏联制造厂家提供。16人齐心协力，为电厂的建设贡献青春与智慧。

湖北电力的革命后代

一批革命后代进入湖北电力，他们将家族红色精神带入工作岗位，打造家企同频共振的革命情怀，传承优良工作作风，将个人理想信念与企业发展有机结合，赋予红色基因浓厚的时代价值。

1. 周世平

2010年12月28日，湖北省电力公司ERP推广和高级应用项目顺利通过验收，这标志着公司ERP项目实施阶段的工作全面完成。经过近两年的实施和一年多的深化应用，公司ERP系统应用水平不断提升，应用成效逐步显现，并顺利通过了国家电网公司组织的实用化验收。这一重大项目的亲历者和指挥者，正是当时湖北省电力公司副总经理周世平。

周世平，正是烈士周天元之孙。

1921年年底，周天元受包惠僧、李汉俊、陈潭秋等人影响走上革命道路。1922年1月22日，京汉铁路江岸工人俱乐部正式成立，周天元被推为俱乐部庶务干事。1923年1月，周天元经项英介绍加入中国共产党。曾任国民革命军前敌指挥部京汉铁道大队第三支队队长、湖北省总工会执行委员、京汉铁路总工会江岸分会执行委员、平汉铁路抗日救国委员会行动委员。

1931年9月2日凌晨2时许，军阀吴佩孚属下武汉警备司令部派出武装包围了江岸机务段，冲进周天元家，将他带至警备司令部。当日上午9时，周天元被杀害于武昌文昌门外，时年39岁。

1950年，周天元被追认为革命烈士。

中华人民共和国成立前夕，周世平父亲参加中共外围组织，积极投身革命运动，之后成为中共党员。

退休后的周世平说，本人虽然没有见到祖父，但父亲的言传身教，祖父为了革命而奋斗的事迹潜移默化地影响了自己的一生及全家。从祖父那代开枝散叶到现在，已有五代人了，尽管都是普通的劳动者，但他们从没有给组织添乱，均自食其力、老老实实做人。祖父的高尚情怀和舍生忘死为劳苦大众谋幸福的

岗位上兢兢业业的周世平（右二）

奋斗精神，将世世代代薪火相传。

正是带着薪火相传的情怀，作为湖北省电力公司的一员，在抗洪抢险、抗冰救灾的重要时段，周世平都奔赴一线，参与现场救援。

2. 刘航

2017年2月13日，孝感供电公司检修分公司员工刘航和工友巡查电网时，发现大悟县芳畈镇吴河村罗汉坡山上发生森林火灾，起火点危及湖北至河南一条500千伏跨省输电线路的安全，他一边报告，一边奔向起火点，与工友们义无反顾地与“火魔”激战4个多小时，有效遏制了火势的蔓延，未因山火造成电网中断事件。刘航和工友们见义勇为的事迹得到各大媒体传播，获得无数网友点赞。

点赞的网友并不知道，关键时刻挺身而出的刘航，可是一名革命后代，他的爷爷奶奶，是一对参加过上甘岭战役的英雄伉俪，奶奶更是电影《上甘岭》中卫生员王兰的原型王清珍。

1951年年初，年仅15岁的卫生员王清珍入朝参战，翌年10月14日，上甘岭战役打响，王清珍在五圣山后面的坑道病房护理20多名重伤员。伤员嘴巴化脓，不能咀嚼，她先把饭嚼烂，像大人喂孩子一样一口一口地喂到战友的嘴里；腹部重伤的战友，不能动弹，不能大小便，又憋又胀，十分痛苦，王清珍以口吸尿管帮助排尿，化解战友的痛苦。指挥上甘岭战役的15军军长秦基伟称赞王清珍：情操之高尚令人肃然起敬。王清珍被中国人民志愿军司令部、政治部授予二等功；被朝鲜民主主义人民共和国授予“二级荣誉战士”称号。

上甘岭战役结束，王清玲经组织介绍，和战地医院医生刘焕杰在朝鲜元山结成革命伴侣。烽火淬炼，初心如磐。党就是一座灯塔，听党话，跟党走，服从组织，对党忠诚，深深地烙在刘航爷爷奶奶心中，凝聚成家风代代相传。刘航父亲的工作是保护西沙群岛，常年海上漂泊，维护南海主权。2019年，传承家庭信念的刘航光荣加入中国共产党。他说：爷爷奶奶的红色血液一直在心中流淌。

3. 刘楷文

“交流滤波区域5612第一次合闸，充电实验开始。”2021年6月23日，在月色的沐浴下，国网湖北送变电工程有限公司变电公司刘楷文和班组成员手持对讲机，如火如荼地投入一项送电工程，共同享受一次性充电成功带来的荣耀。正在送电的是陕北—湖北±800千伏武汉特高压变电站，我国“特高压输电升级版”首批示范工程，在国际上，也是独一无二的领头雁工程。为了这项工程，刘楷文和同事们从2019年开始忙碌，风餐露宿、披星戴月、“5+2”“白加黑”地干，终于一次性带电成功。

他说，参与这项工程，是向百岁太姥爷看齐的具体行动。

太姥爷刘国章1921年出生，1948年入党，参加过济南战役、淮海战役、平津战役、东北剿匪、抗美援朝战争。在他100岁生日的这一天，家人称老人家“国难出英雄从戎亮剑斩恶寇一身豪气”，老人家说：“只希望你把这些传承下去，多为我们家争光、不丢脸。”

将这些叮嘱作为传家宝铭记心间的刘楷文，郑重地写下了他的入党申请书：“我要向太姥爷学习看齐……”

延伸阅读15

民主改革促生产

1951年6月，高谨哉被任命为黄石电厂党委书记，随黄石市委工作队的同志一道进厂。

高谨哉调任黄石电厂的背景是，1951年5月中共中央中南局召开城市工作会议，按照党中央的指示部署在工矿企业开展民主改革运动。运动要求放手发动群众，肃清旧社会遗留的封建把头、反动会道门及其他反革命分子，巩固人民民主专政，提高工人觉悟，将旧企业转变为人民民主的新企业，推动生产力发展。

民主改革运动分三个阶段进行。第一阶段为组织群众学习文件，第二阶段为深入发动群众，第三阶段则是纯洁工人队伍。在第三阶段，黄石电厂发现并惩罚了在群众中散布“国民党要打回来了”“第三次世界大战要爆发了”等煽动人心言论的人员。

黄石电厂的民主改革是新中国成立初期湖北电力的一个缩影。当时，整顿电力企业的主要方式除了军事接管，便是民主改革。民主改革运动中，将一部分人改造为自食其力的劳动者。对于少数曾参加过反动组织的一般成员，重在消除其封建行帮、地域观念造成的隔阂，解除其思想负担。

在民主改革的基础上，黄石电厂新发展工会会员158人，同时将思想觉悟高、工作积极、能联系群众的人选拔到工会和领导岗位上来，还有一批积极分子被推选为电厂、分厂领导或担任班组长。在调整工会、青年组织以及充实行政干部的基础上，修订、健全了群团工作制度。到1952年上半年，黄石电厂发展党员32名。

中华人民共和国成立初，武汉电力企业中，有47名工人分别被提拔为厂长、车间主任、科长；3名工人被提升为工程师、技术员；有的工人作为骨干支援中南地区电力工程建设，有的调任省内外党政部门重要职务。

湖北电力的民主改革确立了工人的主人翁地位。电力工人政治地位的变化，反映在企业内部是他们以职工代表会、企业管理委员会等形式参与企业的管理工作。在这场运动中，电力工会组织逐步建立和健全起来。当时的口号是“工人、职员紧密团结起来，互相学习，互相帮助，进一步开展生产竞赛，管好自己的工厂，办好自己的工会”。

民主改革极大促进了电厂的生产。直到20世纪90年代，高谨哉仍然记得，当初电厂健全了交接班制度、设备巡视检查制度、设备定期大小修制度、安全规程、运行操作规程、检修规程等。

劳动竞赛促进生产，是民主改革更重要的成果。

中华人民共和国成立初，困扰电厂的是燃煤损耗高，安全无保障以及零配件缺乏等。在民主改革中凝聚起来的工人，展开了声势浩大的爱国生产竞赛。

汉口利济路电厂两台汽轮发电机组的冷凝器铜管，每年需要更换一部分。这种铜管当时国内不能生产，电厂技工赵富定发明了一种装进铜管进水一端的冷凝套筒，安装套筒后，从之前每年更换铜管160根下降到39根。电厂的6号锅炉有200多根水管，人工清洗需要100天才能洗完，炉修班长陶荣卿、工人胡鹤庭等人研制成钢钻头一套，仅用24天就完成清洗。1951年3月，汉口合作路电厂工程技术人员与工人密切合作，成功地将直流发电机改装成交流机，燃料工业部奖给"为完成国家计划而奋斗"锦旗一面。

宜昌永耀电气公司技工黄福根利用废汽回收余热，每月节省煤炭9吨，价值225元，又将锅炉进水泵所用之黄铜油环改为胶木油环，解决货源不足的困难，每月可节省开支352元。

此后，劳动竞赛进一步从厂际发展到各单位车间和班组之间的同工种竞赛。竞赛的主要内容包括消灭人身、设备事故，减少故障；按月完成生产计划；大修小修质量达到优和良，并能按时或提前完成任务；学习、推广先进经验。厂际竞赛由主管部门负责人主持，参赛厂长和工会主席在竞赛合同上签字；同工种竞赛则在厂长主持下，由车间主任和分工会主席在竞赛合同上签字。参赛单位每月向上级报送一次月报。每季度由参赛单位行政负责人与工会负责人组成代表团，巡回检查，观摩交流，评选优胜，实行物质奖励与精神奖励相结合的奖励方式。

1952年，武汉冶电业局职工针对生产管理薄弱环节，提出合理化建议1253条。职工们还对陈旧的发供电设备进行整修，扭转了过去事故多、电压低、损耗大的局面，取得了良好的经济效益。

选自《中华人民共和国电力工业史·湖北卷（2004年）》，选用时有修改

延伸阅读16

1954年大洪水中湖北电力发展新党员109人

1954年6月25日，武汉关水位高达26.30米，超过警戒水位。6月底，汉口张公堤外洪内渍，武汉市防汛总指挥部决定在汉口岱家山建立一个大型的排水站，限期排除渍水。但解决排水站和岱家山一带的用电需要，必须架设一条35千伏线路和一条6.6千伏线路，还要相应地在硚口宗关安装升压站和岱家山降压站。武汉冶电业局线路管理所的职工把洪水当作命令，提出“走在洪水前面，把电力送到需要的地方去”的口号，顶风冒雨、日夜施工。原本要求10天完成任务，结果6.6千伏线路和35千伏线路（均长17公里）分别提前4天和2天完成。升压站、降压站也提前竣工。

7月13日，武汉关水位突破28.28米，湖北61个县受灾。此时，武汉、黄石的供电命脉武冶线的安全，牵动着千万人。中南电业管理局和武汉冶电业局紧急调集武汉、黄石的供电职工200余人，在头上雷雨交加、脚下四五米的深水中坚持作业，仅用5天时间，完成了全线的升高加固。

7月25日，汉阳江堤段出现险情，堤内水势迅速上涨，担负岱家山排水用电的栖宗线离水仅0.7米，线路管理所的职工连夜突击，进行线路升高加固工作。他们在水深7米的上空作业，经过一夜半的紧张劳动，完成了任务。

7月28日，武汉关水位上涨到28.63米。中共武汉市委发出“确保安全，准备万一”的号召，要求武汉冶电业局不管在任何情况下都要保证安全供电。从7月30日起，至8月12日止，线路管理所完成了全市变压器210台（20000千伏安以上）升高工程，还升高航空线、荣华村等多处的配电线路；电业局业务科升高电表1103只，安装羊角保险4060只，以及岗警台灯59处；中南电业工程公司同时也完成26台变压器的升高与6公里线路的升高。

8月4日，武汉关水位达29.08米，而且还继续上涨，武汉、黄石均岌岌可危。湖北省防汛总指挥部决定在武汉下游、黄石上游地区掘堤分洪。蓄洪区正是武冶线的通道，其中有5基杆塔于8月12日受洪水冲击而折断，造成全线停电。折断的杆塔其拆断点位于水下2～5米之间。两边的杆塔因受断杆导线拉力的影响而发生严重倾斜。断杆已不能使用，新杆在水下几米处竖立不起来，即使竖立起来，也经不起风浪的冲击。工程技术人员经过反复磋商后，决定采用“沉船立杆法”，即把主杆船由小火轮拖到主杆位置后，装满石子沉入水底，然后用2条装满石块的船紧挨着主杆船停靠左右，使之固定。8月23日，武冶线恢复送电。10多个日日夜夜，职工们排除极大的困难和危险，创造探水、绞锚、绑杆、沉船架线等一整套工作方法，保证了工程迅速及时地进行，完工时间比预定计划提前3到7天。

发电厂工人筑堤保厂的工作，同样是十分紧张的。武汉冶电业局第五发电厂地处汉口利济南路的汉水之滨，标高29.1米。7月12日，该厂即被洪水包围。电力职工在学生与民工的支援下，昼夜施工，7月7日完成标高29米的堤防工程。7月13日，堤防加高到30米。8月18日，又加高到30.5米。第三发电厂地处武昌下新河长江之滨，标高26.91米，共进行了四期的筑堤工程，将清水池加高至30米。

第四发电厂坐落在汉口合作路，标高27.1米。职工们采取封闭厂房，加固围墙，升高部分机器的办法，以防洪水入市区后，确保厂区安全。

第一、二发电厂均在黄石，职工们除加宽加高江边大塘外，在厂区周围也建起了围墙，以防万一。

各厂因标高都在洪水水位之下，不断发生渗水现象。武汉冶电业局一、三、四、五发电厂职工迅速装设大小抽水机33台，共530匹马力，赶筑1269米堤坝和重新修补堤坝共2770米。

宜都大明电厂厂长、工会主席带领工人奋战37个昼夜，冒雨抢筑起高11米、宽13米、长117米的9级防护石阶。

1954年武汉的防汛斗争，其规模之大与工作之艰苦，为湖北历史上百年来未有。全体电力职工不讲条件、不计报酬，风里来、雨里去，指向哪里就奔向哪里。平时需要一两个月才能完成的任务，防汛期间，8～10天即可完成。有的职工在酷热的太阳底下，连续进行12个小时的高空作业，以致昏倒，但醒来以后，又继续工作。许多职工在狂风暴雨带来的袭人寒气里，尽管衣服湿透，被冷风吹得牙齿打颤，仍然坚持到深夜。更多的职工整天泡在齐腰深的水里进行作业，脚泡烂了，照常工作。

8月18日起，洪水渐渐退落，武汉冶电业局的六家电厂保全了，一切供电设备也保全了。

防汛结束后，武汉防汛总指挥部授予武汉冶电业局5人为防洪一等功臣。技术员盛希尧和技工夏兆初在排水站前防指挥部分别获得一、二等功。

同时，武汉防汛总指挥部授予武汉冶电业局及武汉线路管理所一等红旗各一面和记集体功一次。

在防汛中，党组织把党建工作与立功运动紧密结合起来，防汛基本结束时，武汉电业生产单位从防汛功臣中发展新党员109人。

选自《湖北电力工人运动史》，选用时修改

第二节　艰苦奋斗的创业精神

新中国建设如火如荼，工业发展对电的需求越来越大，扩建、新建电厂，成为这一时间湖北电力工业的重要工作。此时，湖北电网建设在极度困难的情况下艰难起步，从武冶线开始，全省联网的基本格局一步步形成。

1960年，湖北省电力厅成立了由厅长赵墨轩兼任主任的援外办公室。

也是从这一年开始，湖北电力开始了长达20年的国外援建工作，作为中国对外援建大军中的一支电建队伍，为发展与第三世界国家的友好关系贡献了智慧、才干与汗水。20年间，湖北电力先后派出了数百名专家、工程师和技术工人，援助越南、柬埔寨、马里、埃塞俄比亚、苏丹、缅甸等国家电力建设，累计发运各种设备、材料万余吨，无偿对外经济援助超过3000万元，建成投运电站和发电厂9座，总装机容量约4.5万千瓦。此后，从1983年开始，湖北电建企业再度走出国门，承接国外电力工程，被誉为“中华电建第一旅”。

一、排除万难建电厂

扩建老电厂

1949年5月，大冶电厂回到人民手中。广大职工以主人翁姿态和前所未有的热情，继续因解放战争中断的电厂扩建工程。大家齐心协力找寻设备机件，自主安装调试。多年以后，一位叫张红的女子，一直记着当年参加电厂建设的父亲给她讲的故事：机组安装的时候，仪器极其匮乏，师傅们就想办法，用铅笔代替测振表，当发电机达到每分钟3000转时，铅笔还没有倒，证明安装质量是合格的。就用这样的土办法，硬是把这样的大型发电设备安装到位，这在当时还是全国头一回。仅一年时间，大冶电厂两套5000千瓦机组相继建成，为迅速恢复国民经济，巩固新生人民政权，发挥了重要作用。

1958年春，为保证武钢等一批重点企业建设，大冶电厂扩建两台5万千瓦机组。为了扩建工程，1500余人先后投入土建，用肩挑背扛铲平了狮子山，清运土石近40万方，上演了现代版愚公移山的奇迹。参加过当年建设的李柏涛依然记得当时的顺口溜：“我们学红军，突破腊子口，为了建电厂，干在工地上，搬走狮子山，填平洗脚港。”

大冶电厂建设的同时，黄石以北的武昌，一座热电厂的扩建也激发了工人们最大的热情。

1956年8月27日，下午约6时，在武昌热电厂电气控制室里，值长、电气值班人员以及上级主管和工厂有关领导都静静等待着302号机组并网这一庄严时刻的到来。

302号机组装机容量1.5万千瓦，投产后，武昌热电厂年均发电量将占武汉市电厂总发电量的70%，为武汉长江大桥、青山热电厂和武汉重型机床厂等“一五”计划时期的国家重点工程建设提供了强大动力。

302号机组经过72小时试运转，再加上近4个月的临时运行，终于决定在这一天正式并网。班长方毓鸣脸上是既兴奋又紧张的神情，手握并车开关，眼睛死死地盯住周波表，一次、两次、三次……周波不同步，一晃就过去了，整个车间的空气似乎凝固了，人们的心似乎提到喉咙眼上了。又过了一会，方班长眼疾手快地扭动，终于平稳地并入电网。顿时，每个人的脸上都露出会心的微笑，相互握手祝贺。从建设开始的一年来，多少个不眠的日日夜夜，什么焦急、苦恼、劳累统统化为乌有。

在当时的武昌热电厂党总支书记余汉藻眼里，302号机组投产后，广大职工爱厂如家最让他感动。由于当年安全生产水平还不高，每当锅炉安全门事故动作排汽，事故汽笛长鸣时，住在厂宿舍的职工，不论是风雨夜或大雪天，都闻声而动，纷纷自觉地奔向车间，投入工作。女电焊工何敏，虽然身体瘦小，也能在锅炉内非常恶劣的条件下连续工作，夜以继日；老技师潘焕根只要检修，就睡在车间里，围着锅炉观察，唯恐哪里出问题；因担心喷煤嘴被高温火烧坏，工程师罗仲、任维善和陈立仁进行燃烧试验，在炉内点燃木柴冒烟后，他们就在简易的脚手架上爬上爬下，观察烟雾的走向、煤粉喷出时的曲线，一次又一次。出炉后，他们总是满脸墨黑，浑身汗水湿透。

武昌电厂

1958年，武昌热电厂首创安全运行162天的纪录，1959年再实现安全运行224天。

青山作证

1953年起，一批批来自五湖四海的工程建设者响应党的号召，满怀梦想和壮志来到荆棘满地、荒草丛生的青山区苏家湾安营扎寨。他们住工棚、喝浑水、顶严寒、冒酷暑，在一片荒凉的城市郊外拉开了青山热电厂建设的序幕。

他们中间，有一个叫黄芳的年轻人。

1954年秋天，广东省五华县委秘书长黄芳突然接到组织的命令，改行搞工业建设。命令如山，黄芳告别老母亲和怀孕的妻子，乘坐京广线的列车，直达历史名城大武汉。

冒着寒风，坐轮渡过江，住进粤汉码头附近的临时招待所。至此他才知道，此行的目的地是与武汉钢铁公司配套建设的青山热电厂。

青山热电厂是当时号称“关内第一厂”的重点电力建设项目，从地方和部队转来的干部，一到筹建处，首先就是参加3个月的培训学习。

在欢迎大会上，时任中南电业管理局局长黄宇齐的一席话，黄芳记忆犹新："你们是经过革命战争和土地改革考验的优秀干部。但是，搞工业建设你们是外行，因此要下决心用最短时间，成为内行。"

学生的底子虽薄，授课老师却都是电业系统各方面的专家。为了增加学员的感性认识，培训方还组织学员参观了原武昌电厂从日本购买的15万千瓦机组和武汉最早建成的汉口发电厂。

学习时正值冬天，漫天纷飞的大雪让地上的积雪厚达1米多，气温直降到零下15℃左右。很多同志手冻肿了，耳朵冻裂了，脚上生了冻疮。但就是在这种天寒地冻的日子里大家也没有落下课程，圆满地完成了学习任务。

在青山热电厂的厂志中有这样一段文字："建厂前，厂区范围内有8个自然村落和一座小庙，其间多荒坡，少园地，塘堰棋布，沟渠纵横……"复杂的地形使施工非常艰巨，当年的建设者王国治的记忆与之完全吻合。1955年，20岁刚出头的王国治第一次来到青山电厂建设工地时，面前是一片荒地。"上有蓝天，下有青山，中间一片荒芜，哪有什么电厂的样子。"

承担青山热电厂一号机组安装任务的是湖北电力建第一工程公司，时称电力工业部武汉基本建设局第四工程处。

工地的条件极为艰苦。时任工程处党总支书记的王国治遇到的最大难题就是职工的生活问题。为了给电厂和武钢留下更大的发展空间，施工队伍在离工地较远的地方建了几栋平房作为宿舍，人们习惯称之为工人村。

每天早上7时许，大家就沿着土路走半个多小时去上班。遇到雨雪天，道路泥泞，则要花更多的时间。不论领导、工程师，还是工人，大家都是走着上班，2000多人的队伍，浩浩荡荡，成为当时的一道风景。

工人村的住宿条件也很差，王国治说，每间宿舍至少要放上两个高低床。一到冬天，冷飕飕的风直往屋子里灌。

因为驻地离工地较远，一去一来花时间，大家索性中午也不休息。食堂建在工人村，中午这顿饭，食堂的师傅们就用各种大缸、大盆、铁桶将饭菜装好，用卡车送到工地。工地没有桌子，大家就蹲着吃，吃完接着干。

谈到当时的建设工地，离休多年的湖北省原电力局副局长王国治用了4个字来形容："热火朝天"。每天从早到晚，各种机器在工地上轰鸣。班组间、行业间、工地间、专业间，劳动竞赛就像一股蕴藏着巨大力量的浪潮快速地席卷了整个工地，工人们可以不要津贴和加班费，却对自己的名字能不能上劳动竞赛的喜报"斤斤计较"。

为了获得竞赛的优胜，许多工人积极动脑筋，解决工作中的实际问题。"我们很多劳动模范就是从各种劳动竞赛中涌现出来的。像张寿鹏、朱道强、周金庭……"王国治骄傲地说。

由于肯吃苦、爱动脑筋、焊接技术特别好，张寿鹏成为全国电力系统劳动模范，1959年成为湖北唯一的工人工程师。

1956年11月26日，经过张寿鹏和同伴们20个昼夜的紧张施工，青山热电厂一号机高温高压锅炉的4500多个焊口，经首次试压检验无一漏水，水压试验一次成功。

与此同时，汽机队伍也进入了最后的关键阶段。同年10月15日，台板就位。1957年1月3日，扣大盖。为监控汽轮机运作情况，确保达到额定的3000转速，工程师陈先定就将食堂和宿舍搬到了汽机的8米平台上，吃饭就在平台上吃，睡觉就在上面打个盹，七天七夜不下火线。

1957年8月21日，经过72小时试运行，一号机组正式投入运行，移交生产，使武汉地区的电力供应增加一倍，为确保武钢工程高炉系统动工兴建提供了所需的电力。

为此，《人民日报》在显著位置刊登了青山热电厂一号机投运的消息。

"第一个五年计划是'命根子'计划，当时列入计划的156个项目都是

‘命根子’。当年青山热电厂就是作为‘命根子’工程建起来的。”这是黄芳关于青山热电厂建设的见解。

青山热电厂是国家“一五”计划156项重点工程之一

十万军民战丹江

1958年9月1日，是一个永远值得纪念的日子。

当日上午，10万劳动者陈兵均县汉江左右两岸。9时，汉江丹江口水利工程总指挥部发出了破土开工的号令。“轰隆、轰隆！”几声巨响，右岸黄土岭、凤凰岭上，一朵朵烟云冲天而起，高高的黄土岭、凤凰岭顷刻塌了半边。

新中国成立后，我国自行勘测、自行设计、自行施工建造的一座具有防洪发电、灌溉、航运、养殖等综合效益的大型水利电力工程就这样正式开工了。

新中国建设初期正是物资奇缺、技术落后的时期，征服汉江，首先采用的是人海战术。湖北、河南16个县的10万民工，自带铺盖、干粮奔向丹江口支援工程，沿江上下，络绎不绝。江面上装载沙石木料的船舶千帆竞发，百舸争流。两岸山上山下，旌旗猎猎，迎风招展。工地上，号子声、机械声、喇叭声，声声震天。

10万人集中到一个山洼，食、住、行都是问题。民兵除自备生活用具外，在生产用具方面每人还得自带雨布三尺、铁制工具若干、一担子、一条扁担，每100人要带10辆板车、小卖部一个，铁匠、木匠、理发匠俱全。

工地上到处都是灶，挖个土坑、支几块石头、放口大锅就是伙房。还自己挖地种南瓜、冬瓜等。物资虽贫乏，精神却是乐观的，工地之间流传着这样一句话："生活好着哩，能吃腰花（蚕豆瓣）、猪肝（红薯片）、蛋炒饭（玉米粒），还有呱呱叫（冬瓜南瓜加辣椒）！"

第一阶段的主要任务是修筑土石围，开挖右岸基坑。近半年的时间里，建设者们靠着一根扁担、两个筐，肩挑人抬，把数十万立方的土石方搬到江中，筑起了一道水上大堤。

1958年12月25日，汉江右岸江面1300米的耳形围堤只剩下数十米的"龙口"了，围堰就要合龙了。但合龙口上激流汹涌，不断冲走两端堰头上的石块、泥沙。在与江水争速度、抢时间的关键时刻，指挥长张体华通过高音喇叭，发出了围堰合龙的命令。顷刻间，两边相对的围堰上，板车、斗车、管排满装土石，似长龙游向合龙口。汹涌的江水还没有来得及把投下的石块冲开，上面的石块、石枕、黏土已一层一层地压了下来，围堰终于形成半月形，整个工地一片欢呼。

1959年12月26日，在万众"加油"的呐喊声中，汉江实现截流，丹江口工程进入左岸河床坝体、电站厂房施工的又一新阶段。

1968年10月1日，丹江口水电工程第一号机组开始发电。当日，欢乐的人群将电厂、大坝、丹江大道挤了个水泄不通。

在丹江口水电站工程建设过程中，无数人将其青春和汗水筑进了坝体。在黄土岭上，民工团用爆破法松土。为了躲炮，民工挖了一个深坑作为掩体，搭上树枝，再盖上土。技术员何子璋带领民工装药，起爆后自己最后一个进掩体。不料一声巨响后，一块大石落到他的头顶，将松树干砸断，正压在他的胸椎上。他当即昏迷不醒，后经医院抢救，生命保住了，下肢却永远瘫痪。

丹江口水电站第一台发电机组正式投产发电

在纪家崖一次开挖中，七师四团团长张德元突然发现崖上有一块桌子大小的悬石已经松动，在悬石下却有几十个民工在打石眼，刨石渣。在此危急关头，他一面呼喊悬石下民工们赶快躲开，一面操起一根钢钎冲上去，力图用钢钎别住悬石，让民工们撤离险境。不料悬石压力过大，钢钎弯曲了下去，张德元眼见民工们已撤离，正想躲闪，大石已从他身上滚过，悬石下的民工们得救了，这位团指挥员却壮烈牺牲。

丹江口工程的建设拉开了湖北大型水电工程建设的序幕。该工程的建设，锻炼并造就了一大批水电工程建设的精英人才，为后来的黄龙滩、葛洲坝、隔河岩乃至三峡水电工程建设积累了经验。

黄龙出滩

1969年3月18日，38人的队伍一路颠簸摇晃，来到黄龙枣园对面的马家沟，这里将是黄龙滩水电站建设的工地。抵达的时候已是晚上9时许，四周是一片割完稻谷的稻田，没有房子住，也没有饭吃，大伙顶着初春的寒风就地蹲了一晚上。天亮后，大家一起动手盖芦席、油毛毡房，晚上则用汽车灯照明，在野外挖地坑支锅做饭。

20世纪60年代末，由于第二汽车制造厂等三线工程和新兴工业城市十堰的兴建，鄂西北地区电量严重匮乏，而丹江口水电站在向鄂豫两省供电后，电量明显不足。黄龙滩水电厂便是在这样的背景下兴建起来的。

工地生产用房和职工生活住房大部分都是芦席棚油毛毡工棚，既没有防潮地坪，也没有顶棚，冬季雪花可以直贯室内，寒风刺骨；夏季热得像蒸笼。大家戏称是“芦席棚里闹革命”。当时有这样一句顺口溜：“进了黄龙滩，大山套小山；住的芦席棚，顶的油毛毡；冬天冻得哐哐颤，夏天热得直冒汗；吃的泥浆水，走的泥巴路，条件真困难！”

由于电站建设进度很快，用电量不断增加，上级决定把丹江口水电站电力送到工地。承担线路架设的建设者们，把一吨多重的水泥杆抬到几百米高的山顶架设，没有起重设备，就用绞车绞。水泥杆运上山以后，又成功用扒杆和绞车、升降葫芦吊起来。

1970年4月，工程进行到河床基坑开挖。建设者们充分发挥聪明才智，把炮装好后不放，等洪水来时再放，让洪水帮忙“搬”走石渣。有一次，一炮炸了5万立方米山体，被洪水冲走了一大部分。

黄龙大坝11坝段基础底部，是大坝基础最深的地方，施工时习惯叫它深槽。1970年春天，大部分河床开挖好后，开挖的大型机械电铲、推土机便撤出来，剩下的开挖工程就只能全靠人工了。为抢在汛期前把深槽浇筑好，1970年3月，组成了120多人的深槽开挖突击队，日夜奋战，与洪水赛跑。堵河从工人们头顶五层楼高的地方流过，围堰四周渗水，地下水量也很大。虽有几台潜水泵不停地抽，但大部分时间工人们还是在水下作业，深槽内总是有膝盖深的积水。那时的初春，经常是春雨绵绵，还时不时飘起雪花，施工条件十分艰苦。

为了早日发电，大伙不怕苦不怕累。水下作业原先配有下水裤，大家嫌穿着笨重、干活不利索不用它，手套在水里也用不上。他们一到深槽二话不说就卷起裤腿，拿工具下到冰冷刺骨的水里大干起来。真是“用力不知冷”，大干一会儿就满头大汗。挖渣的人挥舞着镐、钢钎，上渣子的人先搬大的后捞小的，水里的渣子不好捞，水下铲一满锹，端出水面也就没剩几个了。他们只好把筐放到水里，用手将渣子扒捞到筐内，再轻轻拿出水面。传渣子的人飞快地将渣传到吊篮运走。他们手和脚被冰冷刺骨的渗水浸泡得惨白，被锋利的石渣割得鲜血直流，全然不顾。抬渣子的人更是干得热火朝天：抬着、跑着、吼着，你追我赶，看谁跑得快。

经过连续十多天的日夜奋战，深槽开挖高质量地提前完成，保证了抢在大汛前深槽部位混凝土回填浇筑。

1974年5月4日，厂房内机组导水叶缓缓打开，转子慢慢转动起来，欢快的堵河水通过转轮向远方奔腾，机组能运行发电了！人群在厂房里欢呼雀跃，激动地高喊着“毛主席万岁”，那种喜悦喷薄而出，让整个厂房沸腾。

黄龙滩水电站建设工地

延伸阅读17

湖北省电力博物馆展陈文物入选“共和国印记”见证物

2024年12月，国家文物局、工业和信息化部发布了“共和国印记”见证物，湖北省电力博物馆展陈的国家一级文物“青山热电厂首台发电机铭牌”入选，系国家电网公司系统入选的7项见证物之一。

青山热电厂首台发电机铭牌

青山热电厂

为庆祝中华人民共和国成立75周年，讲好共和国工业发展故事，传承发扬工业文化和工业精神，国家文物局、工业和信息化部组织开展了“共和国印记——工业之光耀中华”主题活动，共评选发布100项“共和国印记”见证物。青山热电厂是我国“一五”时期156项重点工程之一，其首台发电机组于1957年并网发电，配套电网工程成为湖北110千伏电网的发端，为湖北统一现代化大电网的形成奠定了坚实基础。该铭牌见证了在党的领导下湖北电力人艰苦奋斗、推动湖北电力事业由小到大发展的一段不凡历程，是共和国电力事业跨越式发展的重要见证和生动注脚。

近年来，国网湖北电力深入学习贯彻习近平文化思想和习近平总书记关于加强文化遗产保护传承的重要论述精神，以高度的历史责任感守护百年鄂电文化之根，加强湖北电力工业文化遗产发掘、保护，坚持“传承红

湖北省电力博物馆

色基因、弘扬电力精神、厚植爱国情怀”，建好用好湖北省电力博物馆，充分发挥其“存史、资治、教化”等功能作用。目前馆藏文物逾万件，自2014年建成以来，累计接待参观40余万人次，得到政府部门和社会各界的广泛赞誉，先后获评湖北省爱国主义教育基地、中央企业爱国主义教育基地、中央企业工业文化遗产、全国科普教育基地等。

选自2024年12月4日“红领先锋”公众号

供稿：国网湖北省电力有限公司党委党建部、湖北省电力博物馆

延伸阅读18

革命烈士杨文清

杨文清，男，1935年出生于湖北省沙市市的工人家庭，黄龙滩水电厂工人。幼年时，家庭生活困难，9岁辍学，11岁起给人做煤球、当杂役，在船码头打短工，在旧社会饱尝了人世的艰辛和酸苦。

1952年，17岁的杨文清带着刚刚解放的喜悦和对新生活的向往，到荆江分洪北闸指挥部参加工作，成为新中国一名光荣的水利建设者。1956年为了保卫祖国，杨文清应征入伍。服役期间，他刻苦训练，曾以优异的射击成绩受到嘉奖，并被提升为班长。1960年，杨文清复员到吉林电力学校学习，同年转到丰满技工学校学习水力机械。在校期间，曾被评为学习标兵和文艺活动的积极分子。

1964年，杨文清以优异的成绩毕业后，被分配到三门峡水电站。以后又转战南北，投身到祖国的水利电力建设事业中。

1967年，杨文清从丹江口水电站调到黄龙滩水力发电厂当班长。他充分发挥技术特长，出点子，想办法，为该厂机组的安装调试作出了积极贡献。

1979年，郧西县天河、马安水电站机组安装，需要给予技术援助。杨

文清和其他职工一起去郧西支援。他们克服重重困难，奋战三个月，使马安水电站发电机组一次调试成功。杨文清还抓紧工作间隙，为两个电站职工进行技术辅导，传授技术知识，深得电站职工的好评。

1979年9月24日，在天河水电站机组试运行过程中，尾水闸门突然破裂，河水急速涌进厂房，眼看发电机组就要被淹没，在这万分危急的关键时刻，杨文清正在厂房出口楼梯上，当时上一步则生，下一步则死，但他把自己的生死置之度外，毫不犹豫地冲上前去，操作调速机，使涌入的河水逐渐得到控制。然而，工人阶级的好儿子杨文清却为抢救国家财产，献出了宝贵的生命！

1979年9月28日，中共黄龙滩水力发电厂委员会根据杨文清生前愿望和一贯表现，追认他为中共党员。1982年2月5日，湖北省人民政府民政局批准杨文清为革命烈士。

选自《中国电力职工英模谱》（1989年）

二、电网建设艰难起步

舍我其谁建成武冶线

1949年7月，解放战争硝烟未尽，湖北正式开始兴建这项当时中南地区电压等级最高、线路最长的输变电工程。66千伏武冶线从大冶电厂经铁山、鄂城、葛店，联接武昌电厂，输电容量1万千瓦。建成后，将黄石的电送到武汉，极大支援武汉的工业建设。

在物资条件十分困难的情况下，军管会调拨260万公斤小米作为投资，后又追加30.65万公斤小米，偿还架设通信线路向人民银行借贷的5亿元人民币（折合现币5万元）。

这里说的拨付小米，可不是真的运送这么多小米到工地，而是用小米折算人民币。

为什么以小米作为计算投资的单位？因为在解放初期物价不稳，经常有波动，按小米当天的牌价折合人民币显得很合理。

290.65万公斤小米，相当于当时的人民币48万元。在一穷二白的建国之初，在百废待兴物资条件十分困难的情况下，由中央财政直接拨付，可见武冶线在当时的重要意义。

武冶线建设工地

1950年，第一届全国电业工作会议上，要求武冶线于当年建成。

一时间，从武汉到大冶绵延的山谷间，蜿蜒的小径上，一派战天斗地的热火朝天景象。天蒙蒙亮出门立杆，月色下还在架线，用手工为横担打孔，用肩膀扛着拉线进山……从春寒料峭到夏日炎炎，从秋风习习到寒冬腊月，施工队员手上起了泡，脚趾磨破皮，但没有一个人喊累叫痛，没有一个人畏难退缩。

人心齐，泰山移。工程以不可想象的神速推进，到1950年6月初，铁山到鄂州段工程完工。1950年11月，比全电会要求时间提前一个月，66千伏武冶线胜利完工。

1950年12月，施工队冒着刺骨的寒风，用时13天，比原计划提前17天完成下新河发电所至狮子山发电所电话专线的架设。

12月25日，下新河段对武冶线试充电，一次性成功。

1951年4月4日，66千伏武冶输变电工程投运。

武冶线全长112.85公里，两端各设高压变电所，以三相66千伏电压输送电力。武冶线联接武汉、黄石两个地区，形成以黄石电厂为主要电源点的武汉冶电网。网内有发电装机容量4.39万千瓦。这条线路的架通，是湖北电力联网的一个起点。

不眠不休建设110千伏电网

1959年12月28日至30日，湖北省电力基本建设年终工作会议隆重召开，送变电工程处主任马春山代表先进单位发言："我们坚持贯彻了党的总路线，架设了269公里高压输电线路，其中襄丹线和青下线的高速建成，是我处有史以来工程建设的典范。"

1959年10月1日，110千伏襄丹线顺利架通

襄丹线、青下线分别为93.69公里和84.2公里。高速建成的标志是，两项工程总耗时仅95天。

建设襄丹线是因为1959年3月襄樊电厂投产发电，为把襄樊的电力送到丹江，支援丹江口水电站建设，鄂西第一条110千伏高压输电线路工程开建。考虑到丹江水利工程防洪安全的重要性，襄丹线工程必须在10月底投产送电。也是这一年，武钢二期扩建工程开建在即，将黄石的电送到武钢，110千伏青下线的建设迫在眉睫。

任务重、工期短、战线长、分布广成为两项工程的共同特点。

怎么办？

有人在工地上采取了大流水作业法，挖坑、埋设拉底盘、立杆、组装、放线，分工序往前流，掀起了一股你追我赶的劳动竞赛热潮。

从武汉工地赶来支援的刘国铭突击小组，将行李放在指挥部就赶到工地立杆，杆子立到哪里就睡在哪里，有时在草堆里过夜。

那时采用的立杆方法是“倒落式抱杆整体立杆法”，即先将砼杆在地面排焊组装好，再用倒落式抱杆整体扒立起来，组装在前跑，立杆后面追。一位叫胡标中的施工人员，一天可以组装5基。青工何兴甫更是向班长保证：就是十天十夜不睡觉，也要完成任务。

为加快施工进度，修造厂、青山技校等兄弟单位及机关干部职工都赶赴施工现场，省内二十多个单位及北京、湖南送变电公司也派人支援。一时间，从襄阳到丹江、从青山到黄石下陆，两条线路上人山人海，到处是热火朝天的施工场面。哪怕夜幕下，也是举着火把施工的场面。

青下线放线施工阶段正值寒冬，在冰天雪地的夜晚，工人刘国铭因为冒雪施工，双脚被冻得失去了知觉，同事们赶紧用绳子将他从杆上吊下来，用火把取暖后他才缓过劲来。

位于武东的328—241号杆塔是整个青下线的关键区段，杆下是一个连着一个的湖塘。放线准备阶段就已经大雪纷飞，冰天雪地里，干部陈绍国在深夜搬运导线时掉进湖里，爬起来后接着干；干部石俭秋打着赤脚带领施工人员在湖里拖导线。

为确保各项工作的落实，工程处将工程指挥部搬到了施工现场。工地主任邹德生把雨衣、棉衣脱给一线人员穿，自己冒着雨雪坚持施工。班长罗倪太白天同工人们一起干活，晚上收工回来后还给工人们烧水洗澡。工人徐作祥通宵运输电杆，累得连腰都直不起来，领导要他回去休息，他却说：“大家都在苦干，我怎么睡得着……”

1959年10月1日，襄丹线比计划提前15天完工，总工期只用了50天。还没有来得及喘口气的施工人员立马转战青下线。经过45天的艰苦奋战，青下线终于在1960年元旦架通。

激情燃烧丹汉线

一望无垠的汉川湖区，施工人员穿着雨裤在围堰中一铲铲地将淤泥挖出来，然后用船运走，用沙袋围堰。在极端的低温下，用搭暖棚、烧炭生火的办法，保证混凝土的质量。这是220千伏丹汉线施工的场景。

随着丹江口水电站的投运，丹江口成为湖北水电发电中心。为将丹江口廉价的水电送往用电负荷中心鄂东，1968年12月，220千伏丹汉线开工建设。

这是湖北电网第一个220千伏工程。

丹汉输电线路工程共建4个回路，线路总长度1500.6公里。

那是一个激情燃烧的岁月，所有参建者都热情高涨。为加快工程进度，南漳县千余民工利用冰冻的河道把杆塔拖到杆位上，在湖区破冰开挖基础，筑堰抽水挖坑。来自孝感、黄冈、宜昌和省外的施工队伍倾情投入施工，武汉军区运输一团、炮兵学校、湖北省交通局也投入力量参加建设。工程建设高峰时期，数万人奋战在施工一线。

大雪纷飞的夜晚，打着火把施工。有人住在芦苇席搭建的工棚里，有人住在农舍里。为及时解决施工中存在的问题，领导与一线人员职工们同吃同住。

为保证拉线塔组立过程中不倒塔，技术人员首次采用装配式拉线，解决了立杆过程中塔前倾的问题。在丹汉三回茨河大跨越中，采用内拉四摇臂扒杆立塔获得成功。这些在实践中改良的新工艺，极大提升了施工速度。

1969年7月1日，丹江口水电站至马口变电站的346公里线路建成送电。由于工程施工质量良好，国务院向全国工业战线推广建设经验。

220千伏丹汉二回建设现场

1979年9月，丹汉四回建成通电。至此，历时11年的220千伏丹汉线宣告完工，湖北电网220千伏网架基本形成。工程途经光化、襄阳、荆门、潜江、沔阳、汉川等13个县市。

三、国外援建工地上的鄂电力量

柬埔寨骑士勋章

20世纪60年代的柬埔寨，贫穷落后，一群来自湖北的电力建设者，每天工作十几个小时，没有星期天，没有节假日，也没有怨言。

1960年5月，湖北省电力厅第一次接受对外援建柬埔寨水泥厂自备电站设备安装任务。按照中、柬两国政府援建协议，由中方负责安装3台10吨/时燃用烟煤的锅炉和3台1500千瓦凝汽式汽轮发电机组及其相应的辅助设备，另装置1台450千瓦的柴油发电机组，作为启动、事故备用电源。

首次代表祖国支援第三世界国家经济建设，对湖北电力企业来说可谓是责任重大、使命光荣。省电力厅提前派员与柬埔寨王国政府有关部门，就建设项目、技术供应、工程设计、物资供应、现场管理、安装生产等问题多次进行会谈，并组建了援柬水泥厂自备电站工程专家组。

从1960年12月电站开工建设，到1964年4月设备安装及试运行全部结束，湖北省电力厅先后派出援外人员62人，其间还应柬方要求为该国培训实习技术人员31人。

1965年，湖北省电力厅组建援柬棉纺织厂自备电站专家组，先后派出援外人员11人。1968年10月，该厂建成投产。

援柬初期，正处于我国三年特殊困难时期，在经济困难、物资紧张的情况下，为祖国争光是所有援外人员至高无上的精神支柱。

因为在柬援建期间的优秀表现，张福萌等8人受到柬埔寨亲王西哈努克宴请，并荣获该国骑士勋章。“因为我们代表的不仅是湖北电力，更重要的是国家荣誉和形象。”这是援柬工程处主任易文卿的心声。

挑战撒哈拉

1975年3月，由叶兴带队的中国援建专家组抵达撒哈拉沙漠，在毛里塔尼亚首都努瓦克肖特开展为期3年的援建。3年里，要建成毛里塔尼亚柴油机电站。

进入20世纪70年代后，湖北电力对外援建地主要集中在非洲。与援建亚洲国家不同的是，进入非洲的，除了技术、施工人员，还有医生和炊事员。

“撒哈拉沙漠干旱少雨，气候异常炎热干燥，不仅吃的粮食靠进口，连喝的水都不能保障。尤其是当地的卫生条件很差，肝炎、疟疾等疾病发病率高。”这是叶兴当初的记忆。施工初期，面对一望无际的大沙漠，所有人员战风沙、斗酷热，用木头当扒杆，用汽车当转场机，半年时间就盖起了厂房、办公楼和材料库。支撑他们的，是祖国的荣誉和尊严。

1977年10月，在毛里塔尼亚柴油机电站进入设备安装的高峰时期，重约30吨的发电机组成为设备安装过程中遇到的一个难题。

“当时现场只有一台5吨重的吊车，根本不可能吊起这么重的发电机组。有人提出到港口租大型吊车，但要花5万美元的外汇，我们觉得划不来，决定还是自己想办法。”叶兴说，其实办法很简单，就是在机组的安装位置附近挖一个斜坑，让装载发电机组的卡车底板与地面持平，然后用钢丝绳的一头拴在柴油机上，另一头拴在拖拉机上，通过拖拉机将发电机组拉到安装的位置，前后不过半天时间就完成了这台大型柴油机的装卸任务。

在毛里塔尼亚柴油机电站的后续机组安装中，大家在炎热的环境下爬到钢架上，一干就是8个小时，有时中午就在架子上啃一个馒头。

1975年，湖北省水利电力局承担援建毛里塔尼亚努瓦克肖特柴油机电站

闯关尼泊尔

1998年6月28日，当停运5年的尼泊尔甘达克水电站3号机组随倾泻而下的河水运转起来时，尼泊尔国家电力局与湖北省电力建设第一工程有限公司（简称湖北电建一公司）两国工程师的手紧紧握在了一起。至此，湖北省电建企业首次在尼泊尔承担检修的该水电站2号、3号机组重新并网发电。

尼泊尔甘达克水电站位于苏拉克普拉地区甘达克河流域。该电站3台5000千瓦水轮机组17年前由日本公司提供设备，印度公司安装。2、3号水轮机停运是因为没有能力检修。1997年元月，湖北省电力公司与尼泊尔国家电力局签订检修合同。为确保工程顺利竣工，省电建一公司派出了10多名“会诊专家”进驻工地。

初到工地的时候，大家发现厂房内支吊着一些陈旧的链条葫芦，原来，几年前有一批印度人来检修过，因为难度太大溜之大吉。当年承建公司没留任何图纸和技术资料，给寻找和判断机组“病症”带来不少困难。机组表面螺栓与丝孔间已全部锈蚀。为及早开出“处方”，湖北电建一公司的职工们采用火焊烘烤的办法，待表面膨胀后再像拔销子一样将锈死的螺栓一一拔出。拆开缸罩，薄如刀片的叶轮上已是千疮百孔。补焊的技术要求非常高，要将不锈钢焊丝一点点堆积在破损的缺口上，还要保持原形。为防止产生热应力，焊工必须站在叶轮两边同时对焊，当只有一个焊工时往往需要左边蹲一会，又飞跑到右边蹲一会，只恨没有分身术。

蚊虫难防，虫蛇出没，怎敌“中华电建第一旅”。甘达克旱季长，气温最高时达48℃，蔬菜是稀罕物。蚊虫是这里的一大公害，在机坑内下井检修前必须先用灭蚊药喷洒一遍，不少人染上皮肤瘙痒和溃疡。工地毗邻甘达克河流域的蛇岛，常有毒蛇出没，冷不丁就会从房顶、床下、路边爬出一条。为防不测，每人都随身携带一只治蛇伤的药袋。

在三人合住的宿舍里，项目总工杨初新以工具箱为凳子，以床铺为桌子，在上面画图、测算，对整个工程运筹帷幄。项目经理胡庭彬除负责工程对内对外联系和总调度外，还要跟班劳动。工地蔬菜供应不足，他就利用休息时间自己开荒种菜。由于气候恶劣和极度疲劳，他的胃溃疡常常复发，吃上几片止痛药，又在工地奔波开来……

走出国门15年来，湖北电建一公司先后在巴基斯坦、菲律宾、尼泊尔等国承担了10多个火电、水电工程的安装任务，成为闯荡海外的一支劲旅。

挺进刚果

2010年1月，经过17个小时的飞行和14个小时的车程，陈坤化抵达刚果（布）迪吉利220千伏变电站。一进工地，就被包围在工地的“火海”中。刚果（布）位于非洲中西部，大西洋的西海岸，地跨赤道，这里的“热”超乎你的想象。

这是湖北电建一公司承接的工程，包括220千伏变电站4座、110千伏变电站3座、30千伏变电站7座以及国家电力调度中心1座。陈坤化的角色，是项目总工程师。

项目部组织敷设电缆，陈坤化带领2名技术员和7个当地黑人负责这项工作。光秃秃的山丘上积聚了赤道上最为强劲的能量，人坐着喘气都有些费劲，但为了保证电缆铺设的工艺质量，陈坤化手把手教黑人电缆绑扎、敷设层次、穿洞预留、电缆沟内十字及T字分支的电缆走向等工艺，语言不通就靠手势，一次不行就反复教。此时正值刚果雨季，放电缆时，经常会遭遇突如其来的暴雨。雷鸣雨泼过后，马上是超强的紫外线从浓厚黑云的缝隙间投射到人的脸上、身上，晒出水疱和脱皮是经常的事。

2010年4月，迪吉利变电站进行1号机组主变压器高低压套管、附件的安装。按照规定，每台主变压器安装在常态下，器身暴露在空气中的时间不得超过16小时。刚果反复无常的天气更是成为最大的困难。刚打开施工局面，大雨就来了，大家不得不用大油布将变压器器身盖起来。大雨过后，施工现场气温达到45℃，太阳晒得身上疼，脚踩在沙上也发烫。就在这样艰苦环境下，中国建设者在5小时内完成了主变压器安装。

负责迪吉利本站施工的同时，项目组还要负责几十公里外的杰兰勃工地施工。因为杰兰勃220千伏变电站是刚果（布）唯一一座对首都供电的老站，由于战争的破坏，部分设备不能投运，刚方希望一个半月内完成对杰兰勃站至迪吉利站出线间隔的改造。母线安装、盘柜就位、电缆敷设，最终提前24天完成全部任务。验收的时候，刚果（布）重大工程委员会委员、国家元首指派的项目负责人连声赞叹："施工质量好！速度快！中国人值得信赖！"

延伸阅读19

援外工地上的女党员

在省电力一处援建的巴基斯坦古杜电站工程建设中，共产党员女焊工李彩霞度过了自己的而立之年。她用灿烂的青春和焊花，在人生的天幕上织成了一片瑰丽的彩霞。

1984年10月，李彩霞同其他6名女焊工一起，来到了地处热带沙漠边缘的巴基斯坦古杜电站工地。在工期紧、任务重、条件艰苦的情况下，她带领火焊班的19名职工，承担着相当于国内3倍的工作任务，尽管如此，这位当年的全省新长征突击手，仍是英姿勃发，冲锋在前。工程刚开始不久，锅炉钢架扶手梯子还没架好，李彩霞便毫不犹豫地沿着90°的钢管直梯攀上五六十米高的炉顶，再从上面翻到需要组合的部位进行焊接。为了做到在安排工作时心中有数，她还和老班长一起对一些危险部位进行观察记载，自己则主动承担困难较大的任务。高空作业，对于胆大心细的李彩霞和她的女伴们来说只是家常便饭，但在妇女出门要蒙面纱的巴基斯坦来说，简直不可思议，许多巴基斯坦朋友总是对她竖着大拇指说："中国女性真了不起。”在巴基斯坦，施工最难熬的夏季，四五十摄氏度的高温，加上电焊弧光的辐射，使穿着厚工作服的女焊工们常常被汗水浸泡着。但李彩霞她们仍坚持每天工作9个小时以上，因为焊工人手少，她常常跑上跳下配合几个钳工安装，有时还抽空支援其他班组。在安装“高温再热器”时，由于工作面较少，人只能钻进去烧焊口，李彩霞和另一位同志在蒸笼般的管道里坚持工作，一会儿汗水就蒙住了视线，随手一擦就是个大花脸。为了把好质量关，她在班里组织了“ac”小组、焊前练兵和质量分析。对个别忽视质量的现象，她敢于批评，并及时帮助返工。她自己所焊的上千个焊口，组合焊口一次透视合格率达97%，安装焊口达100%。

1986年3月份，刚刚回国不久的李彩霞作为古杜电站援建人员的代表，受到了华中电管局的表彰；最近，被命名为湖北省电力局双文明建设积极分子。

选自1986年4月3日《湖北电力报》，选用时有删改

作者：汪超英

第三节 人民至上的为民情怀

国网湖北电力坚持做到为党和政府分忧、为人民谋福祉，高品质服务人民美好生活，高水平赋能湖北建设。牢记“国之大者”，勇扛大国“顶梁柱”使命担当。

一、电“靓”乡村

户户通电送光明

山大人稀，林壑纵横，居住分散，交通闭塞，经济贫困，让恩施州在湖北省的“户户通电”工作中，成为难度最大的一环。在湖北省电力公司“户户通电”工作中，恩施成为压轴的重头戏。

“户户通电”施工

2006年2月14—20日，中共中央举办省部级主要领导干部建设社会主义新农村专题研讨班。会议强调要真正使建设社会主义新农村成为惠及广大农民群众的民心工程。

响应党中央号召，国家电网公司在全国范围内实施了以“新农村、新电力、新服务”为主题的新一轮电力建设计划。湖北省围绕这一计划，将全省农村“户户通电”工程作为一项“德政工程”和“民心工程”。

在2006年5月，生活在恩施的93万户农村居民中，还有约1万户属于“无电户”。他们点灯靠煤油，打米磨面靠石磨。贫困，阻断了“无电户”对光明的渴求，恩施全州4868户因病致贫、因残致贫的贫困户，买不起电表，买不起室内电线，甚至买不起灯泡。

攻坚工程从6月10日起全面施工。按照9月底前完成“户户通电”工程的要求，恩施州电力总公司向全州供电企业发出了“苦战100天”的号召。

无电户特别分散成为最大的通电困难，他们中有的距离电源点7公里以上。苦战100天的号召响在每位工程建设者心田。

在恩施咸丰县，为了让9户人家通上电，供电公司人员立下10千伏的线杆95基、220伏线杆48基。10千伏的9米杆要12个人抬，一天只能抬3

根；220伏的6米杆需要8人抬，一天只能抬4根。仅将这批线杆运进施工现场就用了将近1个月的时间。6月29日，宣恩县最偏远的洗草坝村残疾老人刘关清家亮起了电灯，老人家热泪盈眶。

而在时任咸宁供电公司农电部副主任陈柏君眼里，户户通电的记忆，是大山里的陡坡，是用骡马运石头、钢材，还有通过人工、绞磨机、钢丝绳的牵引来施工。

咸宁有些山太深、线路太长，导致压降很大，没法保证供电，就得重新打报告到省发展改革委，请求特殊供电。特殊供电就是在这些人家的门口立光伏板或者装小风机发电。

咸宁富水水库的通电尤其困难。因为富水水库有很多岛，岛上有很多居民。原来这些地方都是山包子，后面人工建水库变成小岛。有的一岛一户，有的一岛几户。给他们送电要用船拖着水泥导线运过去，之前他们没有电，用的柴火、煤油灯，有时候不注意，房子还可能烧起来。有了电以后，村里人一看到灯亮了，看得比煤油灯清楚多了，就特别感谢电力员工。

“户户通电”工程解决的不仅仅是用电问题，还把机械化加工、现代文明送到了山旮旯角落。大山里有树、有很多特产，因为有了电，他们开起了农产品加工厂，实现了自我脱贫。

2006年7月1日，中国共产党85周岁生日这天，咸宁周家山村6组村民郭庆能家门口贴了一副对联：户户通电家家乐，民心工程得民心。横批是：共产党万岁。因为这一天，周家山村6组通了电。有了电，村里竹子不再成堆卖，引进技术自己动手，一根能卖出五根的价。

2006年10月15日，湖北省“户户通电”工程全面完工。工程涉及54个县、5731个行政村，通电户数4万多户，涉及11.5万无电人口。一双双穿透黑暗的明眸，以电为基础，去探索更好的生活。在此期间，湖北省电力系统的干部职工踊跃为“户户通电”工程捐款达364万元。

脱贫攻坚拔穷根

2020年10月27日，国网长阳县供电公司共产党员覃玉红，光荣当选2020年8—9月“敬业奉献”类中国好人。

时光回到2015年7月，身为供电所所长的覃玉红，来到长阳县峰岩村，担任驻村扶贫第一书记。

1995年起，国家电网公司牵手湖北长阳、巴东、秭归县和神农架林区“三县一区”，进行持续帮扶。作为落实单位，2015年，根据中央打赢脱贫攻坚战的战略决定，国网湖北电力再擂进军鼓，紧吹冲锋号，选派优秀干部到扶贫一线，覃玉红便是这样来到的峰岩村。

拔穷根成了覃玉红心中的头等大事。很快，支部主导、党员主事、群众主干、企业主推的脱贫攻坚蓝图在他心中成形。

通过争取国家电网公司“党建扶贫”项目，覃玉红在村里建起了党员活动室，于是半月一次支部会、一月一次党员会，村里党组织活动有了阵地。其后，在国家电网公司支持下，覃玉红负责将村里的供电台区从7个增加到16个。建起的光伏电站每年可为村里带来10多万元的收入。她带领改造村里茶园600亩，为贫困户扶持了200多台自动采茶机，又引进“跑跑猪”专业合作社。国家电网公司扶持45万元，为贫困户免费发放仔猪、黄牛、山羊、鸡苗，让127个贫困户户年均增收1200元。

4年的扶贫光阴，使峰岩村农民人均纯收入由2100元增长到5800元，建档立卡贫困户全部脱贫，全村整体出列。

2016年8月，国网湖北电力共产党员谢海红来到长阳县，挂职扶贫副县长。

2017年5月，在谢海红的牵线下，国家电网人资第一期领军班长阳助学启智结对帮扶活动启动，16名爱心人士与16名贫困生结对“成亲”，此举将可保障这些孩子正常完成学业。

2019年3月，经过谢海红的努力，长阳县新型经营主体和国网电商扶贫商品对接会召开，国网电商扶贫“慧农帮”平台已上架长阳农特产品95件。4月，“慧农帮”在长阳成立慧农帮分公司。到当年年底，长阳“慧农帮”扶贫旗舰店销售金额1736万元。

2017年7月，国家电网公司选派工会三级职员黄丹松前往长阳扶贫。此后，他先后担任土地坡村、合子坳村第一书记。这两个村均是人口近2000人的大村，贫困户众多、经济发展落后，脱贫任务繁重。

在近三年的驻村工作中，黄丹松带领乡亲们脱贫致富，是乡亲们的“家里人”、创业致富的“引路人”、思想文化建设的“带头人”。2019年1月，黄丹松被评为“国家电网有限公司劳动模范”，2020年6月，国务院国资委公示推荐参加全国脱贫攻坚奖“贡献奖”评选。

为壮大贫困村集体经济，国家电网公司在长阳完成54座村级光伏扶贫电站建设，利用紫台山村高山气候和自然牧草，发展蔬菜大棚、山羊等种养殖产业，蹚出一条产业扶贫之路。

经过二十多年持续不断的人力、资金、物资投入，“三县一区”扶贫工作取得明显成效。尤其2016年开始，按照国家电网公司“阳光扶贫行动”计划，公司全力推进“三县一区”光伏扶贫电站建设，为贫困农户送上一份“阳光存折”。至2021年，阳光扶贫累计建设光伏电站242座，累计发电3.77亿千瓦·时，累计产生发电收益3.46亿元，惠及贫困人口35.01万人。

2018年8月，神农架林区实现脱贫摘帽。2019年5月，秭归县实现脱贫

2021年4月，央视报道电动轨道车助力秭归脐橙丰收

摘帽。2020年4月，巴东县、长阳县实现脱贫摘帽。至此，国家电网公司在湖北定点扶贫“三县一区”全部脱贫摘帽，贫困人口实现清零，完成中央单位定点扶贫任务。

在“三县一区”帮扶的同时，国网湖北电力完成省直定点扶贫大悟县新城镇红畈村帮扶工作。到2019年，红畈村全村年人均纯收入约2.12万元，实现贫困户全部脱贫。红畈村入选湖北省农村产业融合发展试点示范村，获得“湖北省绿色乡村”称号。

到2021年，地方政府指定国网湖北电力公司系统各单位定点扶贫点182个，公司系统派驻驻村工作队170个，驻村第一书记107人，驻村工作队员383人，帮扶脱贫户数1.3万户，帮扶脱贫人口4万人。

2020年，国网湖北电力在大悟县新城镇红畈村直播“带货”，通过消费扶贫助农增收

延伸阅读20

乡村“蝶变”
——巴东县土店子村深入推进农村能源革命试点建设

雪白的山岭，土黄的小楼，三三两两拎着红灯笼的村民……2024年2月3日，海拔1200米的巴东县信陵镇土店子村，仿佛一幅水墨淡彩雪景图。

71岁的村民张东和老伴儿贴完春联，搓搓手，拿起手机：“村里的充电桩已经安好了，还是快充，你这次回来再也不用去县城充电了！”

电话那头，是张东远在成都打工的儿子张之鹏。3年前，张之鹏把燃油车换成了新能源汽车，回家一趟的成本从700多元降低到150元。但是，苦于村里没有充电桩，每次回家后总得隔几天去一趟20多公里外的巴东县城给车充电。

现在，村委会旁的“光储充一体化”汽车充电站已赶在春节前安装完毕。“充电1分钟奔跑4公里，这就是快充桩的优势。”国网恩施供电公司发展策划部副主任陈文涛介绍。

更为特别的是，这个充电站不光在遮阳棚上铺设了24.84千瓦的光伏板，还就近建设了储能装置。通过光伏发电储存下来的电能为新能源车辆充电，真正实现了零碳出行。

这个充电站是村子实现“净零碳排放”目标的一环。作为全省“4村1镇”农村能源革命试点示范点之一，漫步全村，已能感受到一场农村能源革命的萌动——

梨园里，蜿蜒的长廊顶上覆盖着光伏板，两侧种满了月季、紫藤，不仅能够遮阳避雨，还是花开时节的“打卡胜地”；养猪场屋顶，安装的轻质光伏板重量仅为普通光伏板的三分之一，还加装了自动发热融冰装置，雪落即化，安全系数大大提升；悬崖民宿区，“风电树”全身的叶子滴溜溜转个不停，小小一棵“树”发出的电可供3台家用电磁炉同时使用；村头的沼气发电厂即将投运，猪粪发酵后，沼气可发电、沼渣可制肥、沼液可还田，不仅减少二氧化硫等有害物质的排放，还能提高脆梨等农产品的品质……

脱贫攻坚以来，土店子村形成了“脆梨—黑猪—民宿—农家乐”产业链。2022年，游客达到了2.2万人次，2023年，游客达到9万人次，这里成为巴东县城名副其实的“后花园”。

可游客多了，麻烦也来了：民宿增多，厨余垃圾随之大量增长，“一埋了之”污染土地；猪场规模扩大，粪污难以实现无害处理……如今，一场农村能源革命成了破解这些难题的“金钥匙”。

2023年，国网湖北电力开展农村能源革命试点建设，通过推进农村能源清洁低碳转型，助力全面推进乡村振兴。在多次调研并专题讨论后，工作专班把目光投向巴东县信陵镇土店子村：这里全年光照超1200小时，属于湖北省一类光照区，适合发展光伏发电，同时存在配电网末端供电可靠性不高、农村传统用能模式碳排放大等问题，具有显著的山区农村代表性。

“2023年8月以来，土店子村农村能源革命试点项目投资2300多万元，通过实施分布式光伏、分散式风电、生物质（沼气）发电等项目，构建以风、光为主，其他能源为辅，高度自治的村级微能网，探索出偏远山区能源供给新模式。”国网湖北电力科技创新部科技处处长陈孝明介绍。

目前，土店子村农村能源革命项目基本建成，新能源装机容量达到1845千瓦，预计年发电量达220万千瓦·时。据测算，土店子村年消耗电量均可由本地新能源发电全量满足，绿电供应占比达到100%，每年可减少碳排放约3000吨，成为恩施州首个“净零碳排放”村。

“原来开院坝会跟村民说能源革命，村民总是一脸蒙。现在，看到村里光伏、风电等发电能自给自足，用电更有保障，村里环境更好、游客也更多，一下就明白了！”村党支部书记张文灿笑着说。

选自2024年2月18日《恩施日报》

作者：黎袁媛　杨志英　王　玲

二、西部帮扶谱华章

接力援藏

1995年5月，李耀平、邱忠平作为湖北省电力局派出的首批援藏干部，进驻西藏山南。在山南，李耀平担任该地区工业电力局党组书记兼副局长。高原缺氧造成的身体不适还没有减轻，他就到山南地区的各县，一路走，一路熟悉西藏的历史、政情、民情、经济发展状况和电力工业的实际情况，迅速摸清了情况，确定了工作重点。

这一年，他力促山南地区电力局清理资产、清理盈亏、清理成本，并引入目标管理措施，订出了行业发展规划。第二年，他与藏族干部一起，大刀阔斧地对全地区电力生产实施现代化管理，使工作有章可循，电力生产管理水平跃上一个新台阶。

第二批援藏干部何孟龙接过李耀平的接力棒。1998年5月赴藏任山南地区电力局副局长。“留下一支不走的技术和管理人才队伍”，这是湖北省电力局援藏工作的重要指导思想。为了提高山南电力局的管理水平，湖北省电力局多次把山南的电力基层管理干部请到湖北，组织他们学习内地电力安全生产、用电营业、电力财务等方面的管理方法和管理经验。

“有志而去，有为而归”，这是湖北省电力局党组对援藏干部的要求，也是藏族人民的殷切期望。省电力局派出的援藏干部们以高度的政治责任感和“特别能吃苦、特别能战斗、特别能忍耐、特别能奉献”的精神，在藏南高原上与藏族同胞携手创造着西藏电力事业的灿烂篇章。

在何孟龙的援藏任期内，他完成了沃卡一级水电站建设投产的外配工程建设任务，实现了拉萨泽当电网联网运行；组建了山南地区电力调度机构，建起山南第一座调度大楼，配置起较先进的电力调度自动化设备，使地区电网调度走上正规化管理的轨道。针对当地发供电企业发电量、发电，成本、线损率、电费回收率等重要生产经营指标缺乏严格考核，电力管理体制不顺等问题，何孟龙提出了合并科室机构、明确工作职能、理顺管理关系、严格各项生产经营指标和安全生产周期指标考核的方案，并实行了奖惩兑现，取得了提升企业管理水平的明显效果。

缺氧带来的头痛、气短、失眠，时时侵扰着他，进藏时的何孟龙有158斤，后来掉到了140斤。开水只能烧到75度，方便面只能泡成夹生的，做饭做菜都得用高压锅。各种困难在不断地考验着这位大别山的儿子。一进藏，他便救助了一名西藏儿童，一直供其读完小学。而这样的救助活动，很多援藏干部都有参与。

1998年8月，山南电力调度大楼开工建设，急需一名土木建筑专业的工程监理。武汉供电局年轻的土木建筑专业助理工程师徐荣中在接到通知的第七天，就告别新婚的妻子，全身心地投入到西藏的电力建设中。他与藏族工人们融为一体，在工地上摸爬滚打。每当浇灌楼板需要连续作业时，为了保证施工质量，他每次都盯在现场，夜连轴转。几个月下来，刚进藏时那个潇洒的小伙子，变得黝黑粗糙、嘴唇暴皮、身体清瘦。第一次探家，妻子开门望着门前这个“陌生人”，连问了几声“你找谁?”当终于从小徐笑呵呵的脸上认出了丈夫时，妻子哭了。一幢现代化的电力调度大楼在徐荣中和藏族工人们的手中建起，山南的同志们说：“徐工把他最得意的作品留在了西藏。”

为了山南沃卡水电厂级站的顺利投产，武汉电力学校和黄冈供电局、白莲河电厂承担了该电站工作人员的专业和技能培训。54名来自雪域高原的新一代电力人，在湖北培训学习了近一年，进行了12个岗位的专业理论和岗位技能的培训和实习。回到西藏后，他们都成为各电站骨干。2011年11月，西藏电力公司青藏直流400千伏柴拉线单极闭锁，国家电网公司直接点名调派湖北超高压公司闫旭东赶赴现场支援。下午5点下发的紧急任务，闫旭东第二天7点就从成都飞抵拉萨。当他到达海拔4600米的事故发生地西藏那曲时，发现这是自己遇到的最严峻考验。高原反应让他喘不上气，浑身冒虚汗。在40多米的电塔上，呼啸的寒风让他根本使不上劲，就是在这样的环境下，闫旭东硬是坚持5个小时，最终成功将故障排除。

从1995年开始，湖北电力的援藏工作从未间断。2007年，选派1名处级干部和一名技术干部到西藏电力调度通信局工作。2009年，选拔2名年轻干部到西藏电力调度中心工作。2010年，组织选拔1名副处级干部代表国家电网公司参加中组部援藏工作，担任西藏措勤县县委常委、副县长。2012年，推荐1名副处级干部赴国网新疆电力挂职锻炼……2015年，国网湖北电力参加国家电网公司选派对西藏及西部四省人才帮扶，优选2批16人参加帮扶，2016年，选派20人参加对西藏代管县人才帮扶工作。2017

年，选派29人参与国家电网公司东西人才帮扶，累计派员人数居国家电网公司系统前列……

决战电力天路

作为雪域高原上又一条电力天路，藏中电力联网工程于2017年4月6日开工建设。工程建成后，藏中电网将与我国交流大电网相联，彻底解决藏中缺电问题。这项工程是继青藏电力联网、川藏电力联网工程之后，又一项突破生命禁区、挑战生命极限的超高海拔、超大高差输变电工程。

2017年3月，藏中电力联网工程获得国家发展改革委核准，4月6日，工程正式开工建设，81家参建单位、5万余名参建人员从全国各地开赴雪域高原。国网湖北电力输变电工程公司项目部承接的25标段共有107基塔，分布在林芝市朗县和山南市加查县，海拔均在3100米以上，塔基地形坡度大多超过40°，少数超过60°。施工现场不稳定的地质、陡峭的地形、多变的天气以及高原缺氧都给施工造成很大的困难。

山高林茂，空气稀薄，施工作业面上的悬崖峭壁似“刀锋”一般，就连站上去个人都十分困难。既然来了，就要想办法完成。工人上不去，就请来专业攀岩队，在峭壁上打铆钉、放绳索，没过多久，工人也都练成高超的攀岩本领。

位于朗县仲达乡仲达村的索道场工地，是整个藏中联网工程中建设的第一条索道。为建这一索道，国网湖北电力人煞费苦心。B7—B8号塔塔位与山脚垂直距离高达1.2公里，山体坡度超过60°，不仅施工无作业面，而且人员上去也很难立足。3个支架位于山脊上，坡度大，支架高度6米，重量近300公斤，因为没有施工地形，为确保组立过程人员安全以及机具设备的稳定，施工人员通过钢管搭设脚手架操作平台，利用辅助钢管分段组立支架。开挖支架拉线的地锚坑时，两名施工人员使用铁锹、钢钎等工具整整挖了一天，也仅凿开了一个0.5米深的小坑，下面全是岩石，再也凿不下去了，而拉线坑深必须达到1.4米，这只能靠空压机等继续开挖。但空压机重100公斤左右，需要人力抬上山，由于山路崎岖、高原缺氧，以致搬运空压机到2号支架就用了一天半时间。

在藏中联网工程湖北项目部现场总指挥李洪波的记忆中，A55号塔的组立同样困难。施工点与地面的垂直距离为1.1公里，坡度超过60°，需要绕行上山。

2018年9月18日，国网湖北电力承建的川藏铁路拉萨至林芝段供电工程——雅中500千伏变电站送电成功

山路只有30多厘米宽，手脚并用向上爬，越往上爬，道路愈加陡峭，有时脚下尖石密布，有时两旁荆棘丛生。经过两个多小时的跋涉，大家终于到达塔位。此时，“党员突击队”“青年突击队”的旗帜迎风飘扬。

高原施工，危险不期而遇。2017年夏天的一个夜里12时，朗秋冰川突然雪崩了！等大伙儿回过神来，积雪裹挟着山体已经砸了下来，落点距离项目部的帐篷只有几百米，所有人幸运地躲过一劫。

藏中电力联网工程物资总运量超过100万吨，最大单体重量约140吨。所有物资从全国各地发往拉萨、成都、云南三个转运站，转运站到施工点位的这段路程只能由汽车完成。大车装着变压器翻越觉巴山，路边就是悬崖，车轮贴着悬崖边慢慢挪动，就这样一步步驶向目的地！

2018年11月23日，国家电网有限公司向全世界宣告：藏中电力联网工程竣工投运！这条电力天路，一定记得湖北电网的铁军！

逐梦西部

2021年9月，国网宜昌供电公司变电检修分公司员工徐志高告别新婚的妻子，前往甘肃积石山县供电公司开展帮扶，在大西北的黄土地上挥洒他的青春、汗水和智慧。

这一年，国网湖北电力从9家地市公司和4家直属单位中选派包括徐志高在内的23名优秀管理和专业技术人才，前往内蒙古东部、新疆、甘肃、青海等5个地区，参加东西人才帮扶。

面对艰苦和陌生的工作环境，帮扶人员发扬特别负责任、特别能战斗、特别能吃苦、特别能奉献的电网铁军精神，主动融入受援单位，奋战在电网规划建设、电网运行维护、管理等岗位，圆满完成各项帮扶任务，为西部地区电力事业发展作出了积极贡献。

2017年，荆门供电公司二次检修二班皮志勇主动申请，前往新疆阿勒泰供电公司帮扶。在新疆，皮志勇担任两座新建220千伏智能变电站的复检总负责人。工作现场荒凉偏远，距离国境线仅40公里，距离最近的县城也有60多公里。在零下几十摄氏度的天气下，他住进了板房。3个月的时间里，他一个螺丝一个螺丝检查，手把手地教技术，最终一次性送电成功。皮志勇被阿勒泰供电公司授予特殊贡献奖。

为将先进的理念和经验送到高原，帮扶人员“各显神通”。

曾经在1000千伏荆门特高压站工作14年的吴峻锋将自己的工作经验带到了内蒙古，带到了这里的特高压胜利站。为了提升胜利站事故应急处理能力，他组织站内运维人员有针对性地开展反事故演习，取得显著效果。

黄冈供电公司帮扶人员陈军将先进的管理经验带到新疆巴州供电公司，在那里，他担任技术经济专责，积极协调各参建方及时解决工期紧、工程路径复杂、物资到货滞后等问题，圆满完成工作任务。

荆州供电公司帮扶人员白铁利用无人机巡检西藏220千伏虎墨线时发现，受当地环境影响，无人机巡检效果不佳。他着手建立完善的飞行台账，制订合理的飞行计划，并将自己的操作经验分享给当地无人机飞手。

咸宁供电公司帮扶人员周雅洁，将自己在国网湖北电力财务岗位上工作多年的经验带到内蒙古，为这里的财务规范贡献着力量。

2023年4月25日，荆州变电检修分公司二次检修专业青年骨干、湖北省电力有限公司三星工作负责人胡頔，启程前往青海省海西蒙古族藏族自

湖北超高压帮扶人员在青海格尔木换流站测量深层大地电阻

荆州供电公司欢送胡頔

治州，在那里，他将进入青海电力超高压公司德令哈运维分部，开启他的电力技术帮扶之旅。

“‘德令哈’在蒙古语里是‘金色的世界’的意思，意味着光明，作为一路成长在江汉平原的电力人，我很荣幸能够给高原人民送去真正的光明。”这是胡頔的帮扶宣言。

胡頔表达的，是他的宣言，更是国网湖北电力对西部帮扶的决心。在胡頔之前，他的同事刚刚去往甘肃省临夏州积石山县供电公司。

多年来，一批批帮扶人员离开荆楚故乡，奔赴偏远西部，成为凝聚人心工程、民族团结工程的实践者，为铸牢中华民族共同体意识，扎紧民族团结的精神纽带贡献了鄂电力量。

延伸阅读21

党建领航，鄂电铁军谱写雪域高原帮扶新篇章

“曾总，你们之前传授我的施工技术如今找工作派上用场啦……”近日，西藏自治区拉孜县锡钦乡村民罗布高兴地打电话给阿里联网工程湖北送变电公司包3项目经理曾红刚报喜。

作为西藏自治区曾经的深度贫困县之一，西藏自治区日喀则市拉孜县海拔达4000余米，当地农牧民收入主要依靠耕种和放牧，经济来源单一，脱贫难度大、攻坚任务重。

2019年8月，被誉为鄂电铁军的湖北送变电公司参建阿里联网工程，该公司承建包3标段，成立包3项目临时党支部和新风共产党员服务队。了解到当地经济现状后，临时党支部以“党员先锋电亮阿里”党建品牌创建为契机，实施党建+系列活动，充分发挥党组织的核心领导作用、党员的先锋模范作用，用党建引领工程高质量发展、助力驻地脱贫攻坚，在抓好工程建设的同时，党员服务队开办工地夜校，吸收藏族青年参与学习，党员

带头讲技术课，与藏族青年结成帮扶对子。

2020年4月5日，拉孜县电力劳务工人用工启动会在该项目部召开，来自该县的12名藏族青年参加启动会。项目临时党支部书记曾红刚与拉孜青年罗布结成帮扶对子。

“一立方混凝土配比是……”“冬季混凝土浇筑施工注意事项有……”翻开罗布的记事本，不太工整的字迹里翔实记录着工程的施工流程和要点。罗布同时还担任了项目部驾驶员，每天开车把工人从项目部运送到现场后，他都认真向师傅曾红刚以及其他工人学习相关工程建设知识，体会笔记写满一大本。

为了调动和激发当地农牧民的内生动力与主体作用，改变生活面貌，鼓足干劲，项目部采取扶贫、扶志和扶智相结合的方式，不仅为这些参与工程建设的藏族青年发放工资，还结合藏族青年特点，制订“造血”式技术帮扶计划，发挥党员骨干“酵母”作用；通过开设“工地夜校”对藏族青年开展安全规程、索道架设、钢筋加工、电工等“一对一”帮扶，提高他们的职业技能。经过系统、专业的培训和考核后，藏族青年进入施工现场进行作业。

2020年12月初，阿里联网工程投运，包3项目部员工陆续撤回，罗布也结束了在包3项目部的工作。他凭着在项目部学到的技术，一个月后找到了建筑施工工作，于是发生了开头的一幕。

据了解，项目党员服务队不仅为驻地青年传授实用技术，还在国道边设立党员服务驿站，为路过群众提供便民服务；帮助贫弱农牧民收割青稞、检修电力线路；在新年来临之际为困难家庭送去慰问品，当好电力先行官，架起党联系群众的连心桥。

选自2021年2月27日《人民资讯》

作者：郭晖

三、抗灾救援鄂电铁军

抗洪前线

大堤决口犹如山崩地裂，排山倒海的巨浪咆哮着，顷刻间，高出地面6米高的江水狂泻直下！这是1998年8月1日晚8时20分，发生在湖北咸宁嘉鱼县簰洲湾的灾难。

簰洲湾因为竹簰云集沙洲而得名，万里长江流经这里，绕了一个巨大的“C”字形后，直奔武汉，自古便有“簰洲弯一弯，武汉水降三尺三”之说。

1998年夏天，长江流域暴发特大洪水！8月1日，嘉鱼县电力局工会主席谭新山正在大堤值守，他的值守点距离溃口处仅1500米！晚上8时30分，他发现值守处洪水正呼啸而来，他沿着大堤边跑边通知村民转移。此时，他的耳边充斥的全是喧嚣：水声、风声，夹杂着树枝撞击电线激起的电光及放电声，以及无望的惊叫和凄厉的恸哭。唯一让谭新山欣慰的是，堤防的险段处都有灯光照明！堤上蠕动的人群在灯光的指引下，奔向安全地带的沙湖大堤。

在溃口的严峻事实面前，谭新山没有离开！因为他是值守大堤的共产党员，他要安置滞留大堤的恋家老人！

此时的簰洲变电站内，年仅28岁的女值班员丁廷芬独自守在空荡荡的值班室。置身于簰洲湾民垸的纵深处，她听到警车来回凄厉地喊人赶快上堤，听到广播急促地通知人们紧急疏散，听到外面赶牛赶猪、捉鸡捉鸭的一片嘈杂。她浑身发抖，但是，她不能离开，因为这座35千伏的变电站，是那个惊慌夜晚簰洲湾光明的来源。有电，至少能给人壮壮胆，让人拿件衣服再跑。这是她坚守的意义，也是此刻唯一的清醒！

直到接近晚上10时，局长黄荣坤电话通知她离开值班室，变电站由县电力局调度台远程操作。她离开不久，变电站院墙轰然倒下。

那天晚上，下沙村村民陈名德听到电喇叭里的警报，携儿子夹起一床席子就往外跑，可是往哪里跑呢？幸而家家户户窗户里透出灯光，还寻得着路，幸而大堤上还亮着灯！他腿也壮了，心里也踏实了，就沿着灯光映着的路跑，朝亮着灯的大堤跑。

无数的村民就是这样在光明的呼唤下，逃出黑暗，逃出劫难。

直到2日凌晨1时3分，因水淹主变压器，簰洲湾中止供电。

8月4日上午8时，监利电力部门20多名外线工分4路出发，火速赶赴荆江大堤、新洲、三洲、丁家洲等7个险段，给日夜战斗在那里的10万防汛大军架线装灯送光明。

万里长江，险在荆江！为了给决战长江5次洪峰的10万防汛大军在黑暗巡堤查险、抢险筑堤提供照明，监利电力人用车拉、肩扛、手抱的方式，翻堤、过河、越湖，携带户外线6万米、灯箱灯泡240套、竹木杆20多根，送到各个抢险段，紧急施工。

8月16日晚，洪湖燕窝供电所胡金山一行刚刚抢险归来，又得知长江干堤险段88潭、地家垸险段线路跳闸。此时的燕子窝堤段有30多起管涌、散沙险情，哪一处险情能离开照明，哪一处险情能离开水泵抽水反压？那一夜，胡金山深一脚、浅一脚地查故障、拖变压器。到凌晨5时，燕子窝

1998年抗洪中的湖北电力人

堤段全部恢复供电。

这一夜，在监利、在石首、在江陵……电力人跨村庄、越沟湖、翻江堤，或坚守在巡线的小渔船上，或在沼池中立起南竹电杆，或光着膀子，满头泥水地筑堤……电力铁军和数十万军民一起，用血肉之躯，筑起荆江坚不可摧的巍巍长堤。

雪映初心党旗红

“舞动平台在线监测显示，500千伏江桃线89～90号铁塔间导线舞动最大幅值为2米，舞动幅值曲线呈上升趋势，已派人现场蹲守。”2024年2月1日22时42分，在荆门市沙洋县后港镇，寒风凛冽、雨雪交加，湖北超高压公司党员突击队员已在现场蹲守了3个多小时。

而这样的场景，在2024年年初的冰雪保电中，比比皆是。

2024年春节临近，几轮寒潮下来，湖北电网冬季用电负荷五创新高，最大用电负荷比去年同期增长23%，较历史极值增长11.2%。这是来自国网湖北电力调控中心的数据。

此时的湖北电网，面临着严峻考验！

“充分发挥基层党组织战斗堡垒作用和党员先锋模范作用，团结带领广大干部员工保持不侥幸、不懈怠的精神状态，再踏征程、再赴战场，向党和人民交上一份满意答卷！”危急时刻，国网湖北电力党委发出致奋战在抗冰雪保供电一线的各级党组织和全体共产党员的倡议书，公司广大党员纷纷响应号召，将“抗冰雪保供电”作为检验主题教育成果的“试金石”，成为趴冰卧雪、热血融冰的最美逆行者。

党有号召，党员有行动！

在灾情最严峻的3天里，共产党员、监利县供电公司总经理阳晓东辗转20个乡镇，紧急调拨物资设备300余台投入抢修，并奔赴受灾最严重的白螺镇。经过三天两夜鏖战，完成该镇12条10千伏线路、125个公变台区

雪映初心

及低压线路的抢修工作，让当地老百姓过上了亮堂堂的春节。国网湖北超高压公司鄂西北运维分部输电运维二班班长贾翔连续7天坚守在舞动覆冰最严重的区段，对舞动幅值最高的25基塔开展螺栓紧固。国网荆门供电公司检修分公司主任工程师唐诗天不亮就背着50斤设备，在积雪及膝的山路上攀爬2个多小时，抢在停电前1小时为线路除冰。武汉东西湖区供电公司总经理、党委副书记孔力，除夕当天率领220人紧急出征驰援咸宁，处理倒杆、断线、树障840余处，恢复4回10千伏线路供电，让1000余户居民恢复供电……

此时，黄石供电公司198名党员骨干、17支党员突击队逆行出征，对覆冰严重的220千伏线路、10千伏线路以及台区开展特巡特维。宜昌供电公司组织共产党员突击队坚守在16个观冰哨点，以最大决心和最有力行动切实保障人民群众温暖度冬。襄阳供电公司党委230余个党组织、17支共产党员服务队成立多个“红领特巡”保电小组，对火车站、高速公路充电站重点保供电……

逆行在风雪中的电网先锋，成为冰天雪地里那一抹格外耀眼的红。

延伸阅读22

点亮“军运之光”背后的保电人：使命光荣，我不想错过！

第七届世界军人运动会开幕在即，军运会主会场武汉体育中心16日晚进行了灯光调试，缤纷绚丽的灯光照亮了场馆上空。

保电工人们没有时间欣赏这绚丽的画面，下了一整天的雨后，他们正在舞台下方着重检查配电箱有无进水、导线有无泡水情况，确保灯光调试顺利进行。

17日中午，来自国网湖北十堰供电公司的保电工人庹文宇打开食品盒，拿出一个面包大口啃起来，顺手打开一瓶矿泉水。这是庹文宇昨天到今天啃下的第6个面包。

“面包这种东西，不爱吃甜食的我，之前碰都不会碰，但在这里，一天三顿吃面包。因为进入特级保电时段，不能在饮食上出现任何问题。”庹文宇啃着面包兴奋地向记者透露，军运会保电是“95后”的他参加的第一次保电，“第一次保电就是特级保电，感到荣幸，也倍加珍惜”。

原来，10月2日国庆期间，还在内蒙古旅游的庹文宇突然接到紧急通知，4日到武汉体育中心集结待命。正值假期，机票没有预定的话很难买到，这让他心急如焚。

“一生之中可以有很多机会旅游，可是军运会保电只有这一次，使命光荣，我不想错过!”最终，庹文宇几经周折，通过导游买到了返程的机票，连夜从内蒙古飞回武汉。4日一早，他准时出现在了武汉体育中心。

参加开幕式保电是庹文宇主动向沌口三区指挥部请战的，他知道前去开幕式保电意味着更艰苦的环境、更沉重的担子以及更重大的责任。经过挑选，最终庹文宇和其他11位保电人员如愿参加18日的开幕式保电。

开幕式保电工作远比想象的艰苦，庹文宇每隔1小时就要巡视一次配电箱，查看配电箱的接线情况，查看配电箱电流等各类参数。

地下舞台阴暗潮湿，逼仄异常。身高超过一米八的庹文宇每次巡视都只能猫着腰前行，无数次安全帽蹭到架子上。一趟巡视下来，他常常累得直不起腰。

早六点到晚十点，一天十几个小时的高强度保电，对于庹文宇来说，是磨砺更是考验。武汉体育中心自16日起进入特级保电时段，庹文宇和其他保电队员们将24小时不离开保电岗位，“主场馆保电，我们一定要出色完成任务，不辱使命！”庹文宇疲惫的脸上写满了自信。

选自2019年10月17日新华网

作者：李伟

第四章

擦亮红色品牌：

创新登高的红领先锋

习近平总书记指出：“每一代人有每一代人的长征路，每一代人都要走好自己的长征路。”

20世纪80年代开始，沐浴着改革开放的春风，湖北电网从一个相对孤立的省级电网，逐步迈向南北互供的枢纽、全国联网的中心。从超高压到特高压，从葛洲坝到三峡，从长江岸电到综合能源，湖北电力人擦亮红色品牌，争做创新登高的红领先锋，在时代的浪潮中矗立起一座座新的里程碑，扛起大国重器的宏伟使命。

从超高压到特高压，电网建设走过艰难岁月，中国人要赶超世界、敢为人先的豪情壮志在那一代湖北电力人身上得到了生动彰显。

一、逐梦超高压

探索中建成平武线

1979年11月，500千伏平武线建设正式开工。线路连接河南省姚孟电厂升压站、湖北省双河开关站和凤凰山变电站，途经鄂豫2省15县2市，跨越长江、汉江，全线全长594.88公里，铁塔1514基，是当时中国电压等级最高、线路最长、容量最大、技术最新的电力工程。

这项工程之前，输电线路的架设，沿用的老一辈送电工的口头禅："一根杆子四根线。""一根杆子四根线"的放线和施工靠的是人力拖拉着导线在漫山遍野走。

但是，建设平武线的时候，电建人才知道，500千伏的导线是不能落地的。

与220千伏输电线路相比，500千伏输电线路施工的难点在于放线。这是当时的建设者高文林的感受。

技术要求高，是平武线建设中最大的考验。为避免导线损伤，减少电晕损失和静电干扰，必须有别于220千伏的人工放线，改用张力架线技术。而这项技术，当时国内没有人掌握。不仅如此，就连适合的机械都没有。怎么办？只能依靠进口。

如何使用进口设备？湖北电力安排技术人员出国学习，组织一线施工人员参加工程建设部举办的“拉线制作”“机动绞磨操作”“测量分坑”“高空作业”“爆压工艺”“导线修复”等技术培训。

万事开头难，第一个区段架设的时候，每天只能完成半公里，就这样边干边学，边学边干，后来每天可以架到1公里。

“平武工程各个阶段几乎都是这样，起步虽然磕磕碰碰，却是一步一个脚印，越走越稳，越走越顺，越走越快。”这是高文林最深的感受。

1981年夏天，平武线的建设到了工程关键期：在汉阳的金口实现长江大跨越。

江面1166米宽，正值武汉的高温和汛期，江面最高水位28.78米。技术人员夜以继日研究出的施工方案是，在国内首次采用“半封航法”“低弧度紧线”和“耐张塔组合吊装”等施工方法，既保证船只通航，又缩短工期。

施工开始后，8条驳船在长江江面一字排开，广播在呐喊，大幅标语随处可见，决心书、请战书一摞摞送到指挥部，“战高温，顶烈日，大跨越，再立功，奋战三十天，架通过江线”成为工地主题。

平武工程建设者

塔高百米，数十吨的塔材附件和瓷瓶需要被一一搬上。工作人员连续4天不下百米高塔，直到12根导线凌空飞越长江。

1981年11月，平武线全线竣工。从此，鄂豫电网实现坚强连接。

这项工程中，有一群人值得铭记：回城知青。

1979年，600名回城知青参加了平武工程的建设。

他们中间，有一个叫唐纯的青年。唐纯依然记得，当时住的茅草屋，床是稻草堆，屋门是用牛粪敷的，里面没有电也没有水，半夜时常被野兽的叫声惊醒，早上要走几里路到山下洗脸。

“虽然条件艰苦，但大家总有使不完的干劲，更不想在工作中比别人落后。”这是唐纯的回忆。

平武工程就像一条起跑线，数百名知青怀揣激情与梦想，在“人人争当新长征突击手”活动中，“奋战五十万、拼命加油干、再创新纪录、争当英雄汉”。那份忘我工作的精神面貌和平武工程一样，为时代铭记。

学习国外技术建设“中华第一站”

1980年5月，地处武昌五里界公社红星大队的九小队，一夜之间喧闹起来，在轰隆隆的机鸣声中，一群穿着灰色卡其布工作服的陌生人在村头的荒地上开始挖坑……

原来，这里正在建设“中华第一站”：500千伏凤凰山变电站。

中国500千伏电网的起步，正在湖北。

1978年，武钢引入的1.7米轧机承载着中国的钢铁强国之梦。但是，1.7米轧机要求电网拥有300万千瓦以上容量。为此，湖北、河南两省联网，勉强保证了轧机的顺利试车。这样的方案只是权宜之计，解决电网坚强，根本的还是要更稳健的大电网。为此，国家批准建设河南平顶山至湖北武昌500千伏输变电工程。

作为500千伏平武工程的终点武昌，凤凰山变电站的建设成为必然。

最高的电压等级决定了，这是当时国内最大的变电站。

中南电力设计院设计，湖北省电力工程三处负责施工，这是凤凰山变电站的中国元素。但是，核心的设备，那时的中国还没有能力制造，进口设备担当主力。变电设备、继电保护和通信设备分别来自日本、法国、瑞典、挪威等国，代表着当时世界最高水平。

1980年12月10日，来自日本日立公司的主变压器缓缓驶进凤凰山变电站，这个四四方方的“铁坨坨”，正是国内首个单台重量超120吨的变压器。

作为变电站的“心脏”，变压器的安装格外关键。

在日本专家的指导下，安装工作正式开始。先是散热器、油枕、冷控柜、调压开关驱动机等附件的吊装，仅仅5个小时，便完成了第一台变压器附件的吊装。由于吊装破氮、管路安装几项工作同时进行，每单台变压器的安装周期由说明书上规定的3天缩短为1天半，此时，日本专家不禁竖起大拇指：“你们中国人真了不起!”

变压器高、中低压套管、三相套管安装和内部检查也是非常严格。日本专家要求每台变压器安装的工作日最少两天，中方认为一天是可以完成的。

凤凰山变电站

事实上，最后一台变压器的套管安装和内部检查工作仅用了3个小时。6台变压器全部安装完毕后，日本专家时津川先生说："我到过很多国家安装变压器，像你们这样的安装速度我从来没有见过。过去没有，现在没有，将来也不会有。"

国外的设备安装好了，运维的事只能留给中国人。这将是重大的挑战。

1980年，金绍林从电力学校毕业，来到了凤凰山变电站。他和同事的工作任务，将是负责设备的运维。最大的一个拦路虎是纯英文的设备说明书、图纸以及设备的显示界面，就连监控系统的报警信号显示也都是英文指令。怎么办？大家买来英文词典，逐字逐句翻译，再对照设备来理解和消化。于是，在第一天的日常巡检后，对着图纸和词典成了所有人员的常态。

1984年，凤凰变电站的变压器故障，请来的外国专家一天维修费高达800美元，还要高规格保障对方的吃、住、行。更难堪的是，外国专家禁止中国人观看检修工艺流程。

为了减少对外国人的依赖，金绍林和同事们学习英文的习惯，持续了10年之久。

不被外国专家牵着鼻子走的葛洲坝换流站

从葛洲坝到用电负荷中心华东，上千公里距离，并涉及华东、华中两大电网，采用何种方式为宜？

电力专家建议：采用超高压直流输电。

1985年12月5日，葛洲坝换流站工程正式开工。

高压直流输电，被世界公认为是大型电力系统中的一种重要输电方式。±500千伏葛洲坝至上海直流输电工程是中国第一个超高压、大容量、远距离直流输电工程，工程全长1052公里。建成后，500千伏强大交

葛洲坝换流站

流电将换成直流电输往华东，实现西电东送、华中华东两大电网握手，从此拉开中国跨大区联网的序幕。

我们依然没有超高压直流输电的技术，我们还要依靠国外。加拿大人被聘为技术咨询方，瑞士方中标提供换流站设备。

作为工程建设的亲身经历者，湖北省输变电公司副总工程师宋国贵记忆犹新：外国专家的指导包括设计在内，主要设备的安装都是在外国专家的指导下进行。施工初期，中国的技术人员只能配合外国专家做一些日常管理工作。

如果和五年前凤凰变电站一样，中方在施工中没有发言权，湖北电力人无法接受。为此，在工程开工前，湖北电力就组织技术人员进行了3～6个月的专业培训，有人还被专门送出国学习。

湖北电力定下的大方向是：尽管是第一次接触换流站工程，但是我们要在边干边学中掌握关键技术，绝不能被外国专家牵着鼻子走。

电气安装是换流站技术的核心部分，变电职工在向外国专家学习的同时，积极开动脑筋走自己的创新之路。在安装换流站极Ⅱ阀厅的两组阀厅时，第一组阀厅安装，材料下料和施工步骤都由德国专家主导。德国专家确定的施工方式是放大样。施工过程中，中方技术人员觉得这样的方法费时费力，提出用计算方式的施工方法。经过多方论证后，最终采用了中方的施工方案。此方案使工作效率提高了一倍。这件事后，德国专家对中国技术水平刮目相看，在第二组阀厅安装时，完全按中国人的方案进行。

施工过程中，其中一台变压器因海运造成内部位移受损，停放上海港快一年时间。如果送到国外修理，运输费就要增加5～8倍，而国内几家名牌厂也不敢承接修理。唯有自主攻关！湖北电力抽调技术人员，经过40多天的攻关，完成检修并通过国内外专家鉴定。

1990年，从郑州电校毕业的黄正发进入葛洲坝换流站工作。由于站内设备都是从国外进口，两名外方技术人员驻站负责解决设备的问题，并为中方运维人员提供指导。然而，一涉及核心技术，他们都闭口不言。“当时我们查软件，查到后面发现都被黑模块屏蔽掉了。”这是黄正发的记忆。

为打破国外专家的技术垄断，黄正发和运维人员每晚都要在一起集中学习至少两个小时，讨论图纸、技术以及运维中的难题。一年下来，几乎每个人都要写满两大本的笔记。

正是在这一步步的探索实践中，葛洲坝换流站积累了超高压直流的运行、检修和管理经验，并担负起为三峡输变电工程培养、储备直流技术人才的重任。

20世纪80年代，中国电力工业发展的三大标志是：核能发电、60万千瓦火力发电机组、50万伏直流输电。

葛洲坝50万伏直流输电工程西起葛洲坝，东至上海虹桥，全长1052公里。

葛洲坝直流换流站由湖北省输变电公司承建。

经过3年的施工，荒凉沉寂了万千年的宜昌宋家坝耸起了一座现代化水晶宫。纤尘不染、安详宁静的阀厅内涌动着一种潜行的能量。

二、领航特高压

特高压试验的“蓝海行动”

1891年，世界上第一条高压输电线路诞生，其电压等级是13.8千伏。

1935年，美国将电压等级提高到275千伏。

1959年，苏联诞生了500千伏输电线路。

20世纪70年代起，美国、苏联、日本等国家开始研究特高压输电技术，苏联还建成了一段1150千伏的特高压试验线路。

2009年，世界首条1000千伏晋东南—南阳—荆门特高压交流试验示范工程投入商业运行，这次领先世界的是中国！

一个叫阮羚的国网湖北电力人，便是在这样的背景下，投身到特高压技术里。

在我国，80%以上的能源资源分布在西部、北部，70%以上的电力消费集中在东部、中部。已有的500千伏输电技术，面临输电能力不足、损耗高、走廊资源稀缺等一系列突出问题。发展特高压技术是破解能源国情

湖北特高压试验团队

的有效途径。

开建1000千伏交流输变电工程——晋东南—南阳—荆门特高压交流试验示范工程，阮羚所在的国网湖北电力高压试验所团队责无旁贷地承担起了荆门特高压变电站21项特高压设备现场特殊试验。

特高压设备现场特殊试验，国际上没有先例，一切都是未知的尝试。但是，“世界首个”蕴涵的对未知的探寻远大于惧怕！激动与荣耀洋溢在每个人脸上，希望参与工程成为大家共同的愿望。

“如果当初知道我们会面临那么多那么大的困难，我们是否会那样地欣然领命！我不知道。”多年后，阮羚这样说。

2008年冬天，团队进驻荆门。那时候，所有都兴奋着，激动着，满腔热血着。

荆门地处江汉平原北部，西北属大巴山系，冬季的西北季风南下，在荆门因狭管效应而长驱直入，素以风大著称。2008年冬天的荆门，一如既往地寒风嗖嗖。

大家看到的，一架架几十层楼高的设备，团队要做的，是给这些庞然大物做“体检”。大家方知，他们走进了蓝海，一望无际的蓝海，没有标准可以依托，没有经验可以遵循，头脑一片空白，茫然不知何去何从。

没有退路，硬着头皮也要上。

按照之前设计好的思路，有各路专家认可的理论支撑，在现场把电压加上去，满心欢喜地期待试验结果，预期的结果没有来，局部放电倒是意外出现！是干扰还是设备的问题，还是……没有人可以回答！

在巨大的变压器下，就着嗖嗖的北风午餐，是这个冬天的日常。再苦再难，吃起饭来也从来是欢歌笑语。但是，当几乎所有办法用尽，依然没有得到想要的结果，午餐开始变得安静，没有一个人说话，压抑弥漫在每个人心田，只是大家心照不宣。

“你们是真厉害，连民工都这么内行，像专家一样。”外地专家到了变电站，如是说。其实，他们哪里是民工，他们是清华大学、上海交通大学、华中科技大学的硕士博士，他们是阮羚团队的工作人员，只是因为在变压器上爬来爬去，爬上爬下，弄得一身油污，如民工一般。

你得有这样的一股劲，借助这股劲来破解困局。

给每个变压器穿上了铜纱网制成的“屏蔽服”，可是不管铜纱网怎么严密，看不见的干扰依然存在！

二十几个人坐在工地上一筹莫展，崩溃的情绪笼罩在试验场，真的就这样走投无路了么！而预定的工期节点眼看就要到了。

“拆了，重做！”经过反复讨论，阮羚团队决定推倒之前的一切方法，采用排除法一一寻找病因。重来，就意味着将辛辛苦苦搭建的试验设备系统和接线全部拆除，但是没有退路。功夫不负有心人！终于找到了原因——因为试验系统庞大、连接线路复杂等原因形成了相互干扰。

病因找到的时候，由崩溃到疯狂！试验工作一路高歌，首台特高压电力变压器试验用了14天，第二台用了7天，第三台仅用了4天！

在那个寒冷的冬天,阮羚和他的团队在国际上率先圆满地完成了所有的交接实验，提出了一套完整的技术方案和成熟的工作经验，为我国特高压交流试验示范工程做了全过程的研究、实践和探索，打破了特高压的神秘感，这种贡献是跨时代的。

2013年，阮羚团队又远赴新疆哈密，在茫茫戈壁滩上，承担了哈密南—郑州±800千伏特高压直流输电工程哈密南±800千伏换流站全部现场特殊试验，创造了首次将国内最高电压等级的750千伏整车耐压试验平台应用到±800千伏特高压换流站等三项“世界第一”。

此后，阮羚提出配套建设大容量调相机，并组建团队解决了特高压直流送、受端电网无功支撑能力不足的问题。

“你需要有吃苦的精神，钻研的精神，你还需要一份情怀！”多年以后，回顾当年投身特高压事业中，阮羚如是说。

那份很单纯接受任务，历经无数艰难困苦勇往直前的拼劲，背后是一份情怀的支撑。没有想过如果失败对个人荣誉的影响，没有私心杂念地全身心投入。那个蓬勃向上的时光，那个正当好的年华，那个抱团取暖的团队，那份成功后的欣喜若狂，如同傲立世界之巅的特高压技术，会长久地萦绕并激励创先争优的鄂电人。

落户世界首座1000千伏变电站

2009年1月6日，沐浴着新年的光华，1000千伏荆门特高压变电站投产，36岁的李非，成为变电站首任站长。

接到任命的时候，李非激动又自豪，提前一年入驻荆门特高压站，那时，变电站设备区的道路地基还没有开挖，办公室刚开始打地基，变电站的工作人员与施工人员都在工地一侧的板房里办公。他们提前进场，提前进入工作状态，不是来验收设备的，而是要与施工单位一起建设，与厂家一起安装设备，同步编写运行规程，那是扎扎实实的一年。

荣耀与压力并存！不能出一点差错，是李非和他的团队顶着的最大压力。设备是全国首台首套，运行上完全没有经验与标准可对照。他们从熟悉设备的原理结构开始，收集设备说明书，了解运维的注意事项，了解运行方式，基于此，逐步编制设备运维规程。这个规程成了我国乃至全世界的唯一的标准。

等到设备安装完成，李非一帮运维人员便就是主角了。这一帮人中，80%是党员。要把设备调试好，操作好，紧张是难免的。首台首套设备，之前没有任何的运维经验，设备的性能、结构都要摸索，都需要在实践中学习积累。比如设备放电的声音，会很自然地认为，1000千伏的设备放电声音可能会比500千伏的大，但是当他们身临其境，却发现截然相反。

作为电压等级最高的变电站，设备的智能化程度也最高，接近于智慧级别。而作为“国家重大工程标准化示范”工程中的重要一环，荆门特高

1000千伏荆门特高压变电站

压变电站的任何一个数据，都将为后续中国特高压建设能够全面展开提供试验数据与实践支撑。这也是李非和他的团队要肩负的历史使命。

到2021年，李非离开荆门特高压站的时候，他突然发现，自己最美好最年富力强的日子，全部交给了变电站。12年的零事故，是他和他的团队上交的答卷。

“我感觉是我也是一个很幸运的人，在特高压的浪潮里，投身特高压变电站。”这是李非在离开荆门后的感慨。12年里，他和他的团队为后续特高压的大面积铺开积累了运维的宝贵经验。

如果说还有什么令他自豪，那便是不断有美国、日本、德国、巴西等多个国家的专家来变电站参观学习。这个时候，特高压站代表的，是中国。

挑战“生命禁区”的特高压带电作业

2014年12月的武汉，气温已低于零摄氏度。

在瑟瑟的寒风中，湖北超高压带电检修工李明身穿屏蔽服、头戴安全帽，走上了直升机机舱外的带电作业平台。

几分钟后，直升机快速升空，靠近1000千伏特高压带电导线后，悬停在70米高空中。李明伸出手中的引流棒——随着“嗞嗞嗞……”的声音，引流棒与导线间拉出一条40多厘米长的耀眼电弧。

进入等电位后，李明顺利完成特高压线路导线地线预绞丝补强、地线防振锤安装等作业项目。这标志着，世界首次1000千伏特高压线路直升机带电检修作业成功！李明也因此成了特高压直升机带电作业的世界第一人！

1982年，中国的超高压起步于湖北。到2009年，可以解决更远程输电问题的中国特高压再度从湖北起步。

27年风雨兼程，27年披荆斩棘，特高压从一起步，便以星火燎原之势蔓延、铺陈。这是一幅波澜壮阔、气势恢宏的奋斗画卷，也是一曲感天动地、气壮山河的拼搏赞歌。

特高压的带电作业必然地提上议事日程。

2008年，国家电网公司决定在湖北选拔技术工人，进行±800千伏特高压带电作业试验，这项试验被列入国家重点攻关科研项目。

李明的同事、同龄人胡洪炜勇挑重担，作为一号电工圆满完成任务，成为世界±800千伏特高压带电作业第一人。

他们是一起成长的好兄弟，在单位边上的训练基地，有他们爬塔、爬软梯训练的往事。

左手抓塔钉，抬右脚蹬塔钉，左手右脚不动，伸右手抓住塔钉，抬左脚踏塔钉，如此重复向上……按师傅现场演示的技术要领，两人轮流攀爬。

离开训练基地的“毕业证”的背后，是两人磨破的手套、拉酸的胳膊，是恐高的克服和风干的泪。

那以后，雪灾里，洪水中，酷暑下，倒塔断线现场，他们日渐成为冲锋在前、独当一面的人！

因为上下塔不易，午餐常常直接由起吊工具吊上塔，这也是多年来的工作习惯。他们已经习惯了在塔上一待就是一天的平常。最长的野外作业连续20多天，为了节省时间，每天早上6点上塔，晚上七八点下塔，吃喝拉撒全在高压线上。

继胡洪炜成功完成±800千伏特高压带电作业后，2010年4月，李明圆满完成直升机平台带电作业演示，填补了中国在直升机带电作业领域的空白。

2014年的1000千伏特高压直升机带电作业，是李明，也是湖北特高压带电作业的再度登顶。

和湖北的特高压带电作业一同闪耀的，是团队共同完成的《特高压输电线路带电作业技术应用研究》课题；是±800千伏特高压直流输电线路带电作业工具及操作方法的确定、操作方案的编写；是成功研制出±800千伏及1000千伏特高压进入等电位的方式方法。所有这些，填补了特高压交、直流带电作业的空白，其中18项带电作业工具获得国家实用新型专利成果。

一个又一个突破，使这个团队登上了世界超/特高压带电作业的“珠穆朗玛峰”，成为国网湖北电力的一支响当当的铁军。

2008年，1000千伏特高压交流人体由地电位进入等电位试验

延伸阅读23

导线越长江 一线接南北
直击1000千伏武汉至南昌特高压长江大跨越高塔放线

11月8日上午，在武南长江大跨越工程施工现场，施工车辆来回穿梭。湖北送变电公司30多名施工人员，正在紧锣密鼓地开展放线工作。他们系好安全带，检查各自安全防护用品，打好延长绳，挂好防坠器，携带工器具缓缓走进电梯内，升空开展作业，而原本繁忙的长江里，所有船只都静静停泊在岸旁，等待放行的信号。

在现场，施工项目部项目经理张凯介绍，本次放线采用张力放线的方式，先使用导引绳贯通线路，再利用导引绳将导线牵引过江，一侧施加牵引力，另一侧施加张力，可有效避免在导线展放过程中，导线自重大，落在地上，对道路、电力线路等造成破坏的风险。线束总数为62根，是国内线束最多的跨越长江工程。

长江是黄金水道，要在忙碌的长江上跨越放线，要求高、难度大。为了保障放线工程顺利完成，施工项目部高度重视、超前策划，提前办理好长江封航手续，将每个时间节点、施工作业步骤都进行了工作细化，并邀请专家组进行“线上+线下”全过程指导，大幅度提升施工效率。

放线阶段，每天上午8时至12时是长江禁航时段，在这有限的4小时施工时间内，要将导引绳、导线安全地送到江对岸，并且保证导线离长江江面最小距离控制在35米，工期紧、任务重。为了不影响长江的正常航运，项目部依靠科技手段和精细化管控模式助力工程建设平稳推进，创新设计了“一种可调节轿厢角度的曲线式升降机”技术，并首次采用自主研发的倾斜式曲轨升降机，将施工人员攀登至作业点的时间缩短了一半，大大提高工作效率，降低高处作业人员劳动强度。

放线完成后，两座塔将实现“牵手”，一线飞架南北，从此天堑变成

“能源通途”。

据了解，武南长江大跨越工程采用混压四回杆塔跨越长江，是国内跨越长江线束最多的大跨越工程。工程南岸位于湖北省黄石市阳新县黄颡口镇，北岸位于湖北省黄冈市蕲春县蕲州镇，跨越长度1728米，跨越塔全高325米，比埃菲尔铁塔还要高1米。

武汉—南昌特高压交流工程长江大跨越工程于2月23日启动施工，建设工期10个月，预计于2023年年底交付。工程建成后，将进一步优化华中区域电网网架结构，提升湖北与江西的省间电力互补互济能力，实现“风光水火”多能互补运行，是一条名副其实的电力“高速公路”。

选自2023年11月10日《极目新闻》

作者：曹　磊　金璐铭

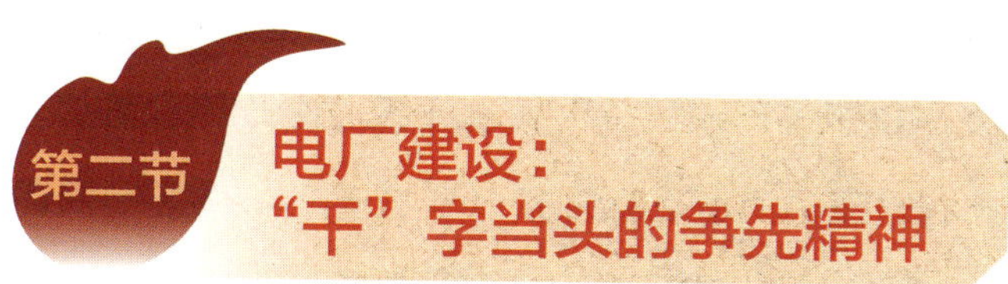

第二节　电厂建设：“干”字当头的争先精神

湖北省拥有丰富的水资源，地处长江中游，拥有清江水电工业走廊，具备发展水电的优越条件。从万里长江第一坝到世界最大水电工程大三峡，“干”字当头的争先精神诠释了湖北水电建设的伟大成就。

一、万里长江第一坝

1988年12月，总装机容量271.5万千瓦的葛洲坝电厂全部建成，一跃成为当时全国最大的发电厂。

滚滚长江出西陵峡口后，被一条长2606.5米、高47米的大坝拦腰拥抱，此坝就是被称为“万里长江第一坝”的葛洲坝。

葛洲坝水电站位于宜昌市西北的长江干流上，下距市中心约6公里，上距长江三峡水利枢纽工程坝址38公里。1970年，为缓解华中地区工业用电十分紧缺的局面，12月30日，葛洲坝工程隆重开工。1981年1月4日，大江截流成功。当年7月30日，二江电站第一台机组并网发电。到1988年年底，大江电站14台机组全部投产发电，1号船闸和大江航道完成，至此，举世瞩目的葛洲坝工程全部完建。

葛洲坝作为中国在长江干流上自行勘测设计、自行施工浇筑、自行制造安装的第一座大型径流式水电站，在技术和资金都不充足的年代，要克服的困难很多。从1973年起，国家动员组织长江流域规划办公室、武汉水利电力学院、清华大学等50多个水文、勘测、设计、科研、施工、工厂、高等院校的技术人员、专家、教授以及航运部门的船长们，开展大范围的科研协作和技术攻关，先后解决了枢纽布置、通航、泥沙、地质、围堰、截流、金属结构、水轮发电机组等一系列重大技术问题。设计科研工作之繁重，成果之丰硕，在水利建设史上是空前的。

葛洲坝水电厂建厂初期，厂里晶闸管励磁装置散热效率低，经常发生设备故障。大江分厂电修车间副主任黄大可通过查阅资料自学通风理论，

葛洲坝水电厂

对励磁装置的温度分布和风流量、方向等数据作测试和分析，提出加大排风量促进冷热风循环的设想。1983年，在2号机大修中，黄大可的科研成果一举改善了励磁盘室散热效率低的问题。1985年，他再度改造充电装置，使全厂直流部分实现了自动稳定运行。同时，他还与华中工学院（现华中科技大学）电力系6位教授、讲师、工程师共同研制新型电力系统稳定器。稳定器于1985年10月正式投入运行，使电力线路的输送能力增加近1倍，发电机组运行稳定余量提高1倍多。

1986年，在葛洲坝二期工程机组安装中，大江右岸500千伏变电站成了卡关项目之一。葛洲坝工程局机电建设公司总工程师徐鸣琴针对施工中三棱柱横梁技术复杂、制作十分困难的问题，建议改为长方箱横梁，最终提前50多天完成安装。在电抗器安装中，由于缺少干燥器，徐鸣琴组织技术人员自己研制一台实用干燥器，节省投资1万余元。

1981—1990年，中国以葛洲坝水电厂为中心，大力发展500千伏超高压电网，逐步实现鄂、豫、湘、赣四省电网联网。其中葛洲坝至湖南株洲的500千伏超高压送变电工程，线路输送能力60万千瓦，每年可输送电量30亿千瓦·时。葛洲坝至上海的500千伏直流输电工程，对缓解华东地区电力紧张状况发挥了重要作用。同时，葛洲坝电站年平均发170亿～190亿千瓦·时，极大减轻了湖北煤炭供应和铁路运输压力。

更为重要的是，葛洲坝工程为三峡工程的兴建积累了宝贵的经验，锻造出的“葛洲坝”水利建设金牌队伍，不仅在建设世界一流的三峡工程中屡建奇功，而且在世界各地，为人类水利水电事业奉献着智慧和力量。

二、荆山楚水清江梦

2023年冬，87岁的郭际康回忆起当年奔赴清江水系开发一线时的场景，他说：“要说那一段历史，那是最难最难的，那时候我们电太少太少了，也是这个原因促使我百分之百心甘情愿到清江去。因为我管调度，知道湖北省电很少，缺的是什么样的电，缺的就是会调峰的电。所以那时候清江这一条河流梯级开发，就是要解决我们湖北电网的调峰严重不足的困难。当时我管调度台，下班办公室工作做完，回家吃点饭，马上天黑，7点钟上调度台，迎接晚高峰。那时候电网周波到48.5赫兹以下，就要当机立断拉闸限电。很苦啊！掉着眼泪也要执行，所以当（清江）隔河岩发电的时候，我一晚上没睡觉。清江是一条江都在湖北境内啊，是我们自己的水发出湖北的电送到湖北省，千家万户都用上我们湖北的电，所以当然高兴呀!”

郭际康说的“那个时候”，是1989年，郭际康时任湖北省电力局副局长。

那年秋天，省委组织部的一纸调令，把他调到了清江隔河岩工地。展现在眼前的是一片荒寂，住在简易房里，他的内心怦然作响，用湖北的水发湖北的电，点亮万家灯火，是他的梦想。

清江是湖北省的内河，干流全长423公里，流经恩施自治州和宜昌市的10个县市，在枝城注入长江，流域面积17000平方公里。清江流域地势西南高、东南低，山高坡陡，河谷深切，河道窄，落差大，干流总落差1430米。

由于位于亚热带季风区，清江流域是长江中下游著名的暴雨区，径流总量多年平均为131亿立方米，水能资源丰富，全流域装机容量可达430万千瓦。

1986年12月，国家计委的一纸批文，让隆冬中的湖北如沐春风：“为适应华中电网电力增长的需要，同意建设隔河岩电站……”隔河岩，便是清江水系的一部分。这个从20世纪50年代便开始谋划的水电工程，终于迎来大开发的盎然春天。

到1989年，隔河岩电站主体工程全面展开，为加强电站建设和电厂的

隔河岩水电站工程截流

运行管理，郭际康受命抵达清江，任清江水电开发总公司副总经理、党委副书记。按原计划，隔河岩水电站的1号机组，应于1993年年底发电，2、3号机组1994年发电，4号机组1995年发电，人称“一二一”方案。清江水电开发总公司征得设计、施工单位同意后，提出1993、1994两年内每年各两台机组发电的“二二”方案。

为了实现这个目标，郭际康从日历上抹去了节假日和休息日。1989年后的6年里，他仅在武汉陪家人过了一个春节。除了参加必要的会议，他一直坚守在电站安装调试现场，每天工作基本在12小时以上，有时更是30多小时连轴转。长期“超负荷”工作，常常引发颈椎病和胃病等陈年旧疾，每次发病后，针头一拔，他又折身去了施工现场。

转眼到了1993年，拦河大坝上缆索凌空飞舞，焊花飞溅，灌浆正紧锣密鼓。大家的目标是这年夏天到来之前电站要发电，也就是比计划工期提前6个多月。为实现这样的目标，每一位建设者都攒着一股劲。

3月下旬，165米高程以下库区清理工作结束。4月份，蓄水阶段验收。5月份，充水调试机组。6月4日，第一台机组顺利经过72小时试运，实现了提前半年投运的目标，清江水电开发进入了一个新的历史发展阶段。

在1号机组调试进入最后阶段，作近百项试验时，郭际康一直守在现场，直到结果出来才回驻地。

1994年，隔河岩电站3、4号机组发电。其后，清江流域梯级开发的高坝洲、水布垭两个电站相继发电。

如今，清江每年可以发电80亿千瓦·时。“而且都是可调节的水电，对电网贡献不言而喻。现在请你再看一看，清江已经符合习近平总书记提出的‘绿水青山就是金山银山’这个范畴了。整个的八百里清江八百里画廊造就了一个山清水秀的五星级景区。”郭际康继续说。

因为贡献卓越，1991年，郭际康被湖北省委评为“湖北省优秀共产党员”。1995年5月，他获评全国劳模。2019年，他被中共中央、国务院、中央军委授予新中国成立70周年对国家重要贡献纪念章。

三、长龙卧波大三峡

1994年12月14日，当代大禹的进军步伐惊醒了沉睡千年的中堡岛，举世瞩目的三峡会战全面展开，一场震古烁今的驯服长江巨龙之战拉开了序幕。

“截断巫山云雨，高峡出平湖”。半个多世纪前，毛主席用气势磅礴的诗句，表达了对长江远景、三峡工程的构想和期望。

三峡工程是治理和开发长江的关键性骨干工程，具有防洪、发电、航运、生态补水等综合效益。自首倡至今，该工程历经世纪沧桑、民族智慧和辛劳汗水，最终成为长江流域的巍峨丰碑。

为攀登这座水电高峰，全国最精锐的建设队伍和科研力量汇聚三峡，其中主要参建单位超150家，高峰期，一线水电专家、专业工程师、技术工人达4万余人，他们怀揣水电报国理想，上演了一场“为我中华、志建三峡”的“群英会”。

1993年，53岁的郑守仁被任命为三峡工程设计总工程师。从那时起，他一头扎进三峡工地，三峡工程每一项重大设计、每一个重大技术难题的解决，都凝聚着他的心血和汗水。

2006年，三峡大坝全线建成，一批批建设者陆续离开了三峡工地，而郑守仁却坚持留下。他说：“只要三峡工程需要我一天，我就在这里坚守一天。”2020年11月，三峡工程完成整体竣工验收，而就在完成验收的3个月前，郑守仁院士永远地离开了我们。

在三峡电站，还有一位叫凌伟华的师傅。1982年，走出学校的他来到葛洲坝电厂，从事机组调速器机械检修工作。后来随着三峡电厂的筹建，凌师傅来到了三峡电站。

为了顺利实现接机发电，面对大量的纯英文图纸和资料，他常常在三峡一待就是几个月，白天下现场、攒经验，晚上收集资料、学英语，快速成为三峡机组安装调试专家。有一回，在机组安装调试现场，外方专家遇到了一个棘手的问题，正当他们一筹莫展的时候，凌师傅三下五除二地解决了问题。从此，大家牢牢地记住了这个安全帽编号为“133”的三峡人，而以后的每一次重要调试，133号一定到场！

1995年4月8日，在与永久性船闸仅一栏之隔的许家冲，一个叫熊德金的中年人，从领导手中接过一块牌子：宜昌供电局三峡分局。

“以三峡工程、移民用电为己任，负重奋进。”立下誓言的时候，熊德金古铜色的脸上透着刚毅和沉稳。

三峡工程上马时，湖北正处在严重缺电的时段，保障三峡建设用电何其难！计划用电、想办法购电、争取用电指标、投入重油发电，在三斗坪南岸建设220千伏变电站……能用的办法一起上。到1996年，坝区施工用电达到1.3亿千瓦·时。

1994年12月，三峡工程正式开工；

1997年，成功实现大江截流；

2003年7月，首台机组并网发电，三峡工程实现蓄水、通航、发电三大目标；

2012年7月，电站34台机组全面投产发电；

2020年，完成整体竣工验收。

“神女应无恙，当惊世界殊。”寒来暑往，三峡电站首批机组投产发电已过二十余载，二十年筚路蓝缕，二十年风雨兼程。

三峡工程防洪库容达到221.5亿立方米，总装机容量2250万千瓦，其中2020年成功抵御75000立方米每秒的建库以来最大洪峰，是确保长江中下游一江安澜的“定海神针”；最高年发电量1118亿千瓦·时，是保持着世界纪录的第一大水电站；截至目前累计发出16000多亿千瓦·时清洁电能，是我国实现绿色发展与“双碳”目标的强力支撑。

1994年12月14日，三峡工程开工典礼仪式在三斗坪举行

第三节 逐绿而行：择高而立的探索精神

近年来，国网湖北电力牢记国之大者，向新逐绿，先行先试，实现以年均3%的能源消费增速支撑了年均6%的经济增长，以全国第22位的能耗强度支撑了第7位的经济总量，让绿色成为湖北高质量发展的底色。

一、绿电护卫绿色长江

2024年4月，在位于长江西陵峡上游的沙湾锚地，“亲河1038”号散货船正在排队停泊，等待通过三峡船闸。货船中部伸出一根电缆，连接到船上一个名为“船电宝”的立方体设备上，在两三天待闸的时间里，船上9名船员的生活用电全部由这个立方体供给。

在船长刘建强眼里，“船电宝”就像一个船载的充电宝，通过岸电设施

2024年5月23日，国网宜昌供电公司岸电运维人员在湖北宜昌港对岸电设备进行巡检

充电，充满后能储存电量约200千瓦·时。

“比柴油发电强，不仅用电成本降低了1/3，还没有废气和噪声，又能优先过闸。”这是刘建强算的一笔账。

2018年4月，习近平总书记视察湖北，首站宜昌。总书记强调要把修复长江生态环境摆在压倒性位置，共抓大保护、不搞大开发。

长江是中华民族母亲河，长江经济带覆盖全国11个省市，人口和经济总量超过全国的40%。长江流经湖北省8个市州，湖北段占长江干流总长的1/6以上。位于长江中上游的湖北宜昌，是三峡工程和葛洲坝水利枢纽所在地，每年约6万艘次船舶在此通行待闸，通过柴油辅机发电满足生产生活需求，集中排放大量有害气体和油污，对长江生态环境构成严重威胁。港口岸电建设迫在眉睫，意义重大。

岸电建设工作得到国家的高度重视，国家交通运输部、国家发展改革委等六部门联合发文，共同推进船舶靠港使用岸电。国网湖北电力闻令而动，2018年6月，以三峡坝区岸电实验区先行探路，在长江流域湖北段93个主要经营性码头、2个锚地进行岸电设施建设。

2019年4月，国家发展改革委组织召开长江沿线港口岸电建设推进会，岸电治污“宜昌经验”在全国推广。国家级三峡坝区岸电实验区取得突破性进展，秭归港、沙湾锚地、仙人桥锚地、长江三峡通航综合服务区等4个示范项目全面投运。

到2020年12月，岸电设施已覆盖长江沿线湖北段所有的重要码头。国网湖北电力创造性推出“靠岸固定式、靠岸浮动式、离岸固定式、离岸浮动式、船电宝、水上服务区综合能源保障”等6种典型岸电供电系统，研发电缆智能收放系统、T形接口箱等核心设备，满足各种停靠方式、各类船舶岸电使用需求。

2021年12月，全球第一个采用“高压充电+低压补电”电池充电模式的游轮宜昌“长江三峡1号”完成在厂调试。

维护长江岸电，国网湖北电力人倾注了更多的用心。

在嘉鱼县，有一位叫王甜的电工，他会每天清早套上红色的马甲，赶到长江嘉鱼段金盛兰码头检查确认岸电充电桩是否正常，那是他的日常工作。

自2022年4月份接手嘉鱼长江岸电设备运维任务以来，嘉鱼长江岸边的金盛兰和葛洲坝两个码头的7个岸电桩，成为王甜心头的牵挂。从单位到码头，单程20多公里，两年来，他记不清跑了多少个来回。从检查设备到培训码头工作人员，他常常忙得不亦乐乎。

冬季枯水期是他工作压力最大的时候。由于水位浅，船距离岸电桩更远，经验不足的船主不擅长操作导缆架，这都需要王甜现场帮助。寒冷的江风中，他的衣服常常汗湿又风干好几回。

码头停靠的货船装卸货通常需要一两天，如果装卸货品种类多数量大，停靠一个多星期的都有。

因为工作上经常联络，王甜和嘉鱼县嘉通物流有限公司员工瞿建中成了挚友，他俩同时成为咸宁“岸电发展联盟”成员。联盟成员中，还有咸宁市港航管理局、嘉鱼县交通运输综合执法大队等单位人员。

新的时间节点在2023年5月，此时，国网湖北电力完成全省8个地市的87座经营性货运码头222台岸电桩兼容性改造，各类靠泊货运船舶能享受到“无障碍”岸电服务。

2024年4月18日，湖北岸电再度迎来高光时刻，来自全国的80余位能源行业岸电设施相关业内专家来到阳逻港，观摩全国首座电动船换电站——武汉阳逻港电动船换电站，该站于2023年11月建成投用。换电站在国内首次采用液冷技术，电池容量与充电效率大为提升，其充满电可储存1935千瓦·时电。“华航新能1”搭载4块满电电池，可在武汉至仙桃150公里的航线上往返一次。

而阳逻港电动船换电站建站标准和相关技术成果有望转化为团体标准、行业标准，填补电动船舶电源及岸电设施通信领域相关行业标准的空白。

截至2024年6月，国网湖北电力累计投运岸电站110座，岸电桩298台。长江湖北段主要港口码头岸电实现全覆盖，港口岸电用电量长江中上游省份中排名第一。2024年1-6月，湖北岸电充电量较2018年岸电起步充电量提高68倍。

二、助力新能源汽车蓬勃发展

在咸宁供电公司员工张涛眼里，2014年是一个特别的年份。那一年，京港澳高速公路湖北段城际互联快充线首个服务网点——咸宁赤壁服务区（西区）电动汽车快充站工程开工。

站址选择在赤壁，是因为这里涉及的京港澳高速公路是贯穿广州、深圳的主干道，服务区车流量大，地理位置有明显优势，社会充电需求较大，是建设新能源充电站示范项目的理想选点。

2009年11月，湖北省电力公司被国家电网公司列为10家试点网省公司之一。2010年8月，湖北首座电动汽车充电站示范项目在襄樊邓城竣工投运。到2010年年底，湖北省首批5座充电站、300台充电桩投入运行。

2014年4月，国家电网公司集中精力建设高速公路城际互联快充服务网络，京港澳高速公路赤壁服务区便是在这样的背景下启动建设的。让张

2024年5月，湖北省首座“光储充换放”一体超级充电站武汉经开区南太子湖超级充电站投运

涛印象最深刻的是基土施工阶段，先挖了近1.5米的地基，扎了钢筋以后准备往坑里灌水泥。这时候考虑到两个问题：一个是水泥与土的膨胀系数不同，如何保障多年后地基地面的平整性；另一个就是直接灌入地下的水泥是否会被腐蚀，从而出现地面凹陷的风险。在高速上来往的货车多，常有几吨的卡车停在充电站内，必须保证地基牢靠坚固。经过与专业工程师的交流和论证，先在地下埋下钢柱，搭成钢筋“笼子”，然后在钢筋“笼子”里填充多层复合材料，有碎石层有水泥层，这才有了这多年以后仍然坚固平整的充电站地基。

充电站正式投入运营后，赤壁市供电公司营销部专责吴奇明每个月都要去充电站现场巡视，查看设备是否通电，或手动停电再通电，看看设备能否正常启动。刚开始，充电设备会出现屏幕死机、系统收不到付费信息等情况，每次出现问题他都立马赶到现场解决。由于充电场地积水，运维人员又加装了下水管。因为半夜充电价格低，很多客户都喜欢深夜去充电。有时出现充电问题，运维人员还得深更半夜赶去现场。

也正是这些问题，给后来建设新的充电站积累了宝贵经验，充电站建设的行业标准也在实践中逐步形成。比如后来新的充电站为了避免积水，在建设过程中就做了地漏，充电枪连接线有了标准长度，车子和充电设备的距离也固定下来。现在赤壁市供电公司组建了专业的运维队伍，负责赤壁市18个充电站60个充电桩的运维。

一个出租车司机说，他跑的一个单子，从荆门开到咸宁，又顺路去赤壁。如果是汽油车，要花300元的油钱，现在只要22元的充电费。

2022年11月，汉口火车站西侧的智能充电塔库投运，这是全国第一座实现了直流快充功能的智能机械式立体停车塔库，是全国占地面积最少、充电车位最多的大型充电综合体，也是全国第一个实现了与电网互动、互补的微电网充电系统。

2024年5月，武汉南太子湖超级充换电站投运，该站是湖北省首座配备液冷充电设备的“光储充换放”一体超级充电站，一台车充电5分钟就能行驶300公里。

2010年，新能源充电站在湖北投运的时候，充电的人还很少。到2024年春节前，湖北着手发布新能源汽车充电错峰避堵指南。

三、问鼎新能源世界屋脊

2024年3月26日，国网湖北电科院的科研人员来到广水市，通过模拟传统线路瞬时短路情况来验证新能源新型电力系统是否能及时完成独立供电。试验人员操作一架无人机，用悬挂在其上的接地线碰触了110千伏的输电线，几秒钟后，系统电压和频率就恢复正常。

这证明世界首个县域级100%新能源新型电力系统——广水100%新能源新型电力系统通过试验，运行稳定。

与传统电力系统的能源构成不同，广水新型电力系统的能源构成全部是风、光资源。新能源装机容量总计244兆瓦，可实现供电时间占比超广水全年供电时间的70%，供电量占比超80%。

广水100%新能源新型电力系统供电面积覆盖418平方公里，供电人口超过20万人。它既可以独立运行，也可以与大电网柔性互联。当本地发电量富余时，将多余的电送向大电网；当本地发电量不够时，可从大电网取电。

在国家电网公司加快构建新型电力系统的当下，广水先行试点示范条件得天独厚。

广水市地处中纬度季风环流区域中部，拥有桐柏山至大别山、荆山与大洪山交会地两个风带，海拔70米以上地区年平均风速为5.5～7.0米/秒，风能资源丰富。这里还是湖北省太阳能资源一级可利用区，平均年日照时长达1930小时，太阳能资源也很丰富，很多企业前来发展新能源相关产业。同时，广水电网属于末端电网，能较为方便地脱离主网，具备构建新能源装机占比可调（极限情况新能源装机占比100%）、柔性负荷占比可变、机电—电磁环境可组合的多形态构网条件，可为源网荷储互动等技术提供试验场地。

试点先行，让新一代国网湖北电力科研人员站到了时代的前沿。

最核心的技术难点是，风光发电虽然清洁低碳，但其出力不如火电、水电稳定。前一秒阳光普照，光电很足，后一秒可能阴云密布，发电骤降。如何解决电源出力波动大、调节能力弱、短路电流小等难题，湖北电科院研究团队作了一系列创新突破。

RTLAB仿真平台，成了科研团队的“闺蜜”。对专家提出的各种工况进行仿真，试验一次接着一次。研发县域规模的源网荷储实时协同控制系

随州市广水100%新能源新型电力系统科技示范工程

统、建设首台高压大容量能量路由器、研究掌握新能源汽车与电网互动技术、建设多场景多类型的分布式储能系统、研发成套保护装置……围绕项目，团队攻克着一个个技术难关，初步形成了高比例新能源新型电力系统的关键理论、核心技术和系统装备。

2022年年底，系统投入试运行。经一年多的运行，其稳定性得到充分验证。

全面落实率先建成湖北新型电力系统的工作方案，在鄂北建成国内首个跨地市区域新型电力系统，为新型电力系统大规模建设提供湖北成套解决方案。这是国网湖北电力的思路。

延伸阅读24

湖北成立新型电力系统技术联盟

2024年6月13日，《湖北“三型三强”新型电力系统蓝皮书》（以下简称《蓝皮书》）正式发布，湖北新型电力系统技术联盟成立。2030年湖北新型电力系统建设路线图同期发布。新型电力系统技术联盟旨在合力攻关突破，推动能源革命，助力实现“双碳”目标。

聚焦“四个革命、一个合作”能源安全新战略，《蓝皮书》提出了2024年至2030年湖北新型电力系统建设思路。

2023年，湖北省发电装机容量达1.11亿千瓦，较2014年实现翻番。风光新能源装机达3324万千瓦、年发电量395亿千瓦·时，分别是2014年的39倍和29倍。华中“日”字形特高压交流环网正在加快建设，电网主干网新增35千伏及以上变电容量8937万千瓦、线路长度28828公里，较2014年分别增长62%和47%。

为统筹能源高质量发展和高水平安全，国网湖北电力结合湖北能源资源禀赋等实际情况，提出湖北“三型三强”新型电力系统方案。其中，“三型”是基本特征，具体为安全充裕型、数智友好型、主动平衡型；“三强”是功能定位，打造全省清洁能源配置强平台、全国新型电力系统互联强枢纽、长江经济带新型能源体系构建强支点。

《蓝皮书》介绍，到2030年，湖北新型电力系统将初步建成。届时，湖北新能源装机预计将达到8000万千瓦，较2023年增长140%，新能源装机占比超过50%，清洁低碳电力成为主体；湖北省供电能力将达到9200万千瓦，较2023年增长70%，满足全省经济发展需求。

据了解，湖北新型电力系统技术联盟将合作开展新型电力系统十大核心技术攻关，研发成套装备，掌握成套解决方案，解决湖北新型电力系统技术难题。在首批联盟成员中，有湖北高等院校、科研院所、电力企业、规划设计工程企业、装备制造企业、用电企业等24家单位。

中国科学院院士程时杰表示，希望该技术联盟推动源网荷一体化协同发展，释放需求侧潜力，拓展电力信息价值，加强多学科融合研究，在新型电力系统和新型能源体系建设上继续深化合作、联合攻关，为实现“双碳”目标、促进湖北能源电力高质量发展贡献智慧与力量。

选自2024年6月13日《中国科技网》

作者：吴纯新　祝科　曹祥魁

延伸阅读25

湖北打造全国首个跨市域新型电力系统先行区

2024年8月1日，在湖北随州广水十里蒋林村，国网随州供电公司工作人员正紧张有序地进行真型试验基地配网改造施工。“这次改造主要是电杆组立、金具组装、展放导线的工作，目前已完成66基电杆组立、39基电杆金具组装。”国网随州供电公司真型试验基地配网改造工程现场负责人程腾蛟说。

真型试验基地配网改造工程是国网湖北电力推动鄂北新型电力系统先

行区的12个重点项目之一。该工程共新建改造10千伏架空线路36.35公里、电缆1.37公里、智能馈线终端18个，可实现示范区内各种试验工况下的配网负荷分级供转需求，提升广水区域互联互供能力。

近年来，随着新能源大量接入，电动汽车、分布式能源、储能等交互式用能设备广泛应用，鄂北地区电力系统高比例可再生能源、高比例电力电子设备的“双高”特征日益凸显，对电能质量的要求越来越高。

鄂北地区风力和光伏发电新能源资源禀赋充足，其中随州市新能源装机容量约为区域最大负荷的2.85倍，随州新能源累计发电量连续11年位居湖北省各地市州第一，但本地消纳全部新能源装机所发电量较为困难。而与随州相邻的襄阳市是省域副中心城市，用电负荷增长快，随州、襄阳两地具有互补性，可以实现供需协同发展。

针对随州、襄阳两地资源优势和电力供需特点，国网湖北电力统筹于2023年8月成立鄂北新型电力系统先行区联合工作组，正式启动建设国内首个装机容量超千万千瓦、供电面积近3万平方公里、供电人口达千万的省级跨市域的鄂北（随州、襄阳市）新型电力系统先行区。

据介绍，鄂北新型电力系统先行区预计可带动数十亿元建设投资，建成后该区域新能源发电装机占比将达58%，新能源电量占比将达57%，年可增发新能源电量31亿千瓦·时。目前，随州和襄阳两地供电公司围绕鄂北新型电力系统先行区建设目标，统筹区域资源和专业优势，全力推进重点项目有序进行，预计年内完工。

国网随州供电公司总工程师孙朝霞表示，鄂北新型电力系统先行区建设的目标是新能源、新型储能、多元化负荷等系统主体灵活便捷接入，源网荷储友好互动，分布式电源、微电网、配电网与大电网融合发展，最终建成智能灵活电力系统，这也是鄂北新型电力系统先行区建设项目的意义所在。

选自2024年8月3日中央广电总台国际在线

作者：夏一菲　李俊蕾

第五章

赓续红色血脉：勇担时代使命

习近平总书记指出：“我们党团结带领人民取得了革命、建设、改革的伟大成就，很重要的一条就是我们党在长期实践中培育并坚持了一整套光荣传统和优良作风。”

在优良作风的传承中，国网湖北电力一批劳模工匠、党员先锋、青年代表敢为人先，他们以极大的热情和聪明才智，奉献企业，建立了卓越功勋。这些功勋，成为红色基因最有力的传承，也成为引领企业发展的恢宏力量。正因为我们始终凝心铸魂，才能照亮前行之路，进而激发出企业健康发展的澎湃动力。

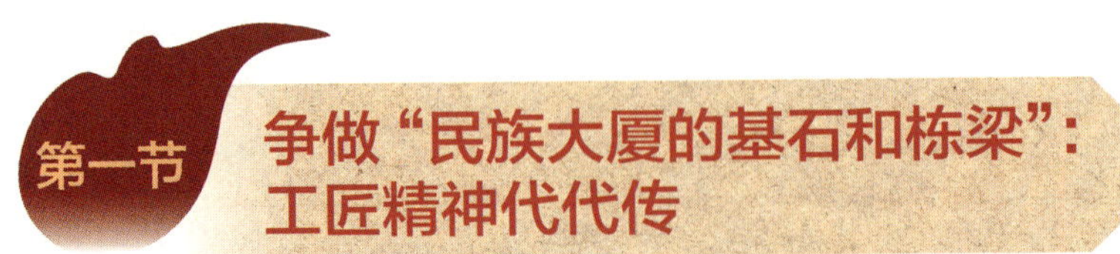

第一节 争做“民族大厦的基石和栋梁”：工匠精神代代传

新中国成立70多年来，从“站起来”“富起来”到“强起来”，湖北电力劳动模范们的身份和面孔也在发生着变化，但“劳模精神”却代代相传、永葆青春。

一、社会主义建设时期：自力更生的电力模范

新中国成立使电力职工的政治地位发生了变化，革命和生产热情空前高涨，劳动模范不断涌现，他们为建设新中国付出了辛勤的劳动，其事迹可歌可泣。

1949年，鄂南电力公司工程师曹岩建议将鄂南电力公司66千伏玻璃碍子改用木脚及木横担，不仅省工省料，还提高运行安全性。他还着手改进锅炉烧煤方法，每年节省人民币1.65亿元（旧人民币）；设计出防腐处理的油炉木架和油锅，大大延长了木杆使用年限；创造了输电工人扒杆立杆法，提高工作效率2～3倍。由于曹岩的显著成绩，1951年，鄂南电力公司和武汉市人民政府分别授予他“特等劳动模范”和“甲等劳动模范”称号。

武汉冶电业局线管所修试工场修理工夏登基，试制机械自动重合闸、改进升流器和试验油断路器的操作法，并建议在试验油断路器用升流器团路内加装闸刀等，还改进修试工作的操作工房，使检修工作有步骤地进行。1956年，夏登基荣获“全国电业先进生产者”称号。

1956年，沔阳建电油厂时，派沔阳县电厂车间主任范三元到汉口运

机器，为守护机器，范三元在汉口江边露天里睡了45天。机器运回沔阳后，为节约搬运费，他组织十几个人制成了土霸王车，把发电设备全部运回车间。1958年4月的一天夜晚，风雨交加，汉江水位急剧上涨，厂里的木排被风浪吹散，范三元和工人们与风浪搏斗了2个多小时，把200多根木材全都捞上了岸。1959年，范三元获“全国先进生产者”称号。

“空中飞人”刘金阶

1959年，110千伏洛锅线在武汉沌口开展长江跨越。大跨越塔采用钢筋混凝土结构，在当时为国内首次。工程设计电压和跨江长度也创下了两项“亚洲第一”纪录。在南北两岸主杆混凝土建筑中，钢筋工、木工、混凝土工、起重工、电工等20多个工种相互配合，先后进行了18次革新，工程处实行“三槽化”和运输中的“九车八人连运法”，极大提高了工作效率。建成的跨江塔塔座上，只有容一人上下的爬梯笔直通往塔顶，为解决高空作业面积小的困难，年仅24岁的高空组长刘金阶身先士卒，带领3名施工人员在塔高40、80米和120米处分别搭设3个工作平台，安装、扶正钢丝绳滑轮组，最终把长度分别为40、60米的塔臂横担安装到位，刘金阶因此被誉为“空中飞人”，参加了1959年全国首届“群英会”，这是全国工业、交通运输、基本建设、财贸方面的社会主义建设先进集体和先进生产者代表大会。会上，刘金阶受到周恩来总理亲切接见。

1962年，湖北省电力工业厅援外工作人员袁仁厚奉派支援柬埔寨的电力建设，他动手修改了8套胀管器，使锅炉的3000多个胀口保质保量地完成了任务。为弄清炉墙裂纹原因，他3次进入50多摄氏度的炉膛，每次达40分钟左右，浑身湿透，令柬方工人感激落泪。一年多时间，他为柬方培养40多名技术工人。1966年，袁仁厚获“全国电力工业先进生产者”称号。

新中国成立以来湖北电力的各级劳模，传承红色基因，在极为艰苦的条件下，创造了骄人业绩，值得书写与铭记。

二、改革开放后的工匠楷模：助推经济起飞

改革开放后，在中国经济腾飞的重要时代，湖北电力一批劳模工匠再度站在时代前沿，他们秉承“干一行、钻一行、精一行”的韧劲与担当，为湖北经济社会发展提供不竭动力。

1980年，29岁的杨国良来到咸宁咸安区贺胜变电站，负责10千伏余花线的运行维护，以及这条线路用户的抄表收费。那个时候，在农村抄表收费，就是走村串户。

余花线供电面积超过30平方公里，线路全长60公里，这条线路担负着4个村3000多户人家的供电。线路经过的地方是绵延不绝的小丘陵，少说也有400个。地形特殊必然带来交通的不便，从线路的巡视、维护到抢修，杨国良长年累月奔波在余花线上，一走就是20多年。

当时农村偷电现象十分猖狂，有个村里明明有人用电机轧米、轧面，可是用电量竟然很小。通过暗访，杨国良发现，原来有些村电工在偷电，还有些村加工厂也偷电。最严重的时候，余花线80%的电量白白流失掉，给国家造成巨大经济损失。

杨国良看在眼里疼在心里。他下定决心，不能给窃电分子留有余地。

20世纪80年代的中国农村，还没有什么高科技防窃电，他就用最笨的办法：频繁抄表检查，比对电量。按照规定，电工抄表周期是一月一次。但是一个月太长，这就给了窃电分子可乘之机。于是杨国良变为半个月抄一次，后来又改成一个星期抄一次、三天一次，甚至有时候突击检查，随

时掌握用户的用电情况。三天抄一次电表，对杨国良来说意味着什么？把余花线所有电表抄一次得两天时间，上坡、下山，要不停地来回穿梭，每天晚上10点多才回家。有一回，杨国良到一个村抄表，发现三天前的电量是1380千瓦·时，三天后竟然只有200千瓦·时，显然有人做了手脚让电表反转。杨国良把铁的事实告到村里乡里，最后硬是让村里补交了电费，窃电者还在供电所写下“以此为戒”的字条。就是这样的钉子精神，使余花线的偷电现象被扭转。

在当时的农村，拖欠电费甚至不交电费的现象也很突出，杨国良就一分一厘地较真。有一回，他到一个村收电费，在村里磨了5个小时不见成效，此时天已黑了。杨国良心急如焚，他说：“我来的时候，儿子正发烧送医院，他才3岁，你们交了电费，我好去医院看孩子。”一席话说得村干部低下了头，马上交了电费。

20年里，杨国良走过的路程可绕地球赤道一圈，为国家挽回电费损失30万元。2000年，他荣获全国劳动模范，被人称为“用脚走出的全国劳模”。

和杨国良一样，改革开放以后，广大电力职工投身改革，推进改革，紧紧围绕经济建设中心建功立业。

2006年，湖北超高压输变电公司电气试验班员工杜军代表湖北省电力公司参加全国电力行业高压试验专业技能比赛，以准确规范、无懈可击的操作在47支代表队、141名选手中脱颖而出，夺得桂冠。

作为国网湖北电力电气试验班创新团队领头人，杜军一直致力于通过创新解决现场实际问题。当时变电站地网检测误差大是试验班长期未能解决的一个难点，它不仅会造成地网改造决策的误判断，导致改造费用损失，还会因为地网缺陷未及时发现而埋下安全隐患。为了解决这一问题，杜军把自己关在变电站2个月，不断进行各种尝试，失败，重来，再失败，再重来，一次次地推翻清零后，终于研究出“移频法”，成功将测量误差消除。多年来，“杜军劳模创新工作室”斩获创新成果10项，授权专利54项，全国及地方QC成果15项，电力行业标准3项，核心期刊论文27篇。2005年，杜军荣获“全国五一劳动奖章”。

1979年，在500千伏平武工程建设中，武汉高压研究所高级工程师黄茂墩提出了“500千伏输电线路允许无线电干扰水平初步意见”，受到国家科学大会表彰。1985年，黄茂墩研究的“高压输电线对中波导航台无线电干扰影响测试”获全国科技成果进步奖等奖。

1998年，扎根一线、多次在各类焊接大赛中获奖的湖北省输变电工程公司女焊工付霞，获得“全国五一劳动奖章”。

2003年，积极尝试现代工程信息技术，成功地解决了多项技术难题的湖北省输变电工程公司员工徐武建，获得“全国五一劳动奖章”。

2005年，在一线探索创制农网改造“一分七定”责任制、台区精细化管理、电费抄收分离制等新工作方法的国网襄阳供电公司员工徐联合，获得“全国五一劳动奖章”。

2008年，根据一线工作实践，编著《输变电设备红外检测典型案例分析》《输变电设备红外检测典型缺陷图谱》等书籍的湖北超高压输变电公司员工李进扬，荣获“全国五一劳动奖章”。

劳模工匠的艰苦付出，为改革开放的湖北电力注入活力与能量，为湖北电力迈向新时代打下坚实基础。

三、新时代劳模工匠：群星璀璨

进入新时代，国网湖北电力劳模赓续红色基因，在电网高质量发展的新时代，坚持创新，勇攀高峰，以实际行动诠释劳模精神、劳动精神、工匠精神。

2023年3月，“世界±800千伏特高压带电作业第一人”、国网湖北电力胡洪炜荣获“大国工匠年度人物”提名人选。2020年，胡洪炜荣获“全国五一劳动奖章”。

全国劳模胡洪炜

从业以来，胡洪炜一直奋战在“大国重器”“中国名片”的超、特高压输电线路带电作业领域。一次次闯过禁区，胡洪炜深知推动带电作业关键技术，特别是核心产品迭代升级和新技术智慧赋能的重要意义。特高压线路耐张串单片绝缘子重量达20千克，作业工具也非常笨重，更换起来极不方便。为了改变这种传统高强度作业方式，2023年，胡洪炜主持研制第二代带电更换特高压绝缘子机器人，获发明专利授权，并进入试用阶段。他主持的《超、特高压输电线路带电作业实用技术研究》成果，填补了世界超、特高压带电作业多项技术空白。

2023年，作为我国首批特高压带电作业培训教员，胡洪炜为10多个省市的90余名人员讲授技术、传授技能，先后有600多人经他培训后取得相应资格证书。他主编的《胡洪炜工作法》，作为我国“大国工匠系列丛书”之一，成为行业培训的必备教材，极大缓解了我国特高压带电作业人才紧缺的局面。

2024年，荆门供电公司检修分公司二次检修二班班长皮志勇荣获“全国五一劳动奖章”。

1999年入职荆门供电公司以来，皮志勇从事守护电网“中枢神经”的继电保护工作。“哪里有故障，哪里就有我；我到哪儿，哪儿就没故障”是皮志勇的工作信条。为了提高工作质效，皮志勇大力开展技术革新，成果卓著。

2006年，为了提高二次接线工艺，皮志勇和同事们想了不少办法，但是在效率和工艺上，一直找不到两全其美的办法。这事成为皮志勇的心病。有一天，皮志勇回家时，见母亲把蒸好的豆角放在梯子上晾晒，豆角一列列地排得很整齐。皮志勇豁然开朗：可以制作一个梯子样的接线架，让接线工艺模块化！就这样，接线架在他手里诞生了，一举解决了效率和工艺两全的难题。

2012年，荆门供电公司成立“皮志勇创新工作室”，他带领团队研发“五小”科技创新成果56项，获得省级、国家级优秀创新成果10余项，成功申报实用新型专利46项、发明专利5项，在国家级刊物上发表论文20余篇，共攻克2000多个生产技术难题。他所带的班组从未发生安全事故，被省、市公司命名为“铁军班组”。

2019年，探索以科技创新解公司难题，3项智能巡检案例入选省公司典型经验库，带领团队荣获国家电网公司无人机巡检竞赛一等奖的湖北电网首位女机长、荆州供电公司输电运检分公司综合室主任王丽萍，获“全国五一劳动奖章”。

2020年，带领团队完成了500余份设计报告，设计完成40多座变电站，承担多项输变电工程可研设计任务的武汉供电公司冯艳，当选“全国劳动模范”。

2021年，实现了湖北乃至世界带电作业史上多次零的突破、获得27项国家授权专利及20余项技术革新成果的国网湖北电力输电运检分公司带电作业班班长王明，荣获“全国五一劳动奖章”。

在新时代的背景下，科技的飞速发展，对学习新知识、新技能提出了更高要求。创新登高，是时代赋予劳模的精神内涵和时代价值。新一代的国网湖北电力劳模工匠，不辜负时代，不辜负使命，勇担红色基因的时代传承人，结出丰硕成果。

延伸阅读26

“铁姑娘”精神跨越50年历久弥新
——两代女子带电作业班相聚话今昔

50多年前，武汉供电“三八”女子带电作业班在全国电力系统都享有盛名，这个作业班被誉为“铁姑娘”班。

今年“三八”妇女节前夕，几位“三八班”的成员，来到国网武汉供电公司去年成立的“女子带电机器人作业班”，和如今的“铁姑娘”们交流。

50年前的“铁姑娘”：跨江6小时高空作业

3月6日9时许，国网武汉供电公司配网不停电作业中心，一阵爽朗的笑声透过玻璃门房。

原来，是郝明菁、谢燕萍、何凤秋等6名老“三八班”成员，人未到，笑声先到。

第一个“三八班”成立时，最小的成员才18岁，最大的也不过24岁。如今，老“三八班”成员已基本年过七旬，但仍十分健谈、活力十足。

武汉供电局“三八班”，也是国内较早成立的女子带电作业班组，于1971年成立、1980年撤销，前后有38名女工在此留下足迹，打洞、立杆、换瓷瓶、安装变压器等工作，她们都和男工一样干。

随着名气越来越大，一些更高难度的工作也交给了她们，其中包括跨江电缆涂油维护工作。

“当年工作的场景，至今难忘。”“三八班”成员郝明菁介绍，当年的电缆线容易生锈，隔一段时间，就需要人上去带电作业刷油防锈。两人一组驾着涂油车在跨江电缆高空作业刷油，最高处离地147米，坐吊篮跨江作业全程需6个小时。1973年，她与班长程亚林在“武昌石嘴—汉阳沌口”22万伏跨江线塔上带电换瓷瓶的工作照，登上了当时的《中国建设》杂志的封面，标题是《中国妇女如何赢得平等》。

如今的“铁姑娘”：操控机器人大展身手

随着时代和科技的进步，近年来，电力职工的工作条件大幅改善，配电自动化系统、电网图形管理系统等高科技装备不断增多，过去那种电力工人爬高下低维护线路的场面越来越少见。

但武汉电力系统内，依然有很多女性职工，她们在工作中吃苦耐劳、冲锋在前，巾帼不让须眉。

2023年，国网武汉供电公司配网不停电作业中心成立女子带电机器人作业班，班员共5名，平均年龄28岁，采取“人+机器人”作业模式，维护线路安全运行。

该中心相关负责人介绍：“这种模式充分发挥了女性心思缜密、操作精细的优势，与机器人受天气扰动小、安全系数高的优势相结合，减少人工带电作业辛苦程度，提升安全可靠性。”

2023年，女子带电班实施机器人作业232笔，在全省保持领先地位。

选自2024年3月7日《湖北日报》，选用时有删改

作者：黄磊　王欣　李凤　黄文烨

第二节 红色领航：不忘初心铸忠魂

今天的湖北电力，坚持党建引领，以更加饱满的热情和更加坚定的信念，践行党的宗旨，不忘初心，牢记使命，传承红色精神，为电力事业的蓬勃发展贡献红色力量。

一、红领党建塑形铸魂

为深入学习贯彻习近平新时代中国特色社会主义思想，对标对表习近平总书记关于党的建设的重要思想这个“纲”和“本”，国网湖北省电力有限公司党委优化完善红领党建工作体系，秉持“魂固则形具，形具则魂盛”的理念，深入实施红领党建塑形铸魂行动。

推进红领党建塑形铸魂行动，国网湖北电力在行动。本着“打铁必须自身硬”的原则，国网湖北电力建立党务人员“通关”考试长效机制，做到党务人员全员“持证上岗”，培养一批“安专迷”的党建明白人，实现党建业务标准化、党建质量均衡化、党建队伍专业化。

围绕发挥品牌建设工作挖掘价值、传播价值、提升价值的功能，国网湖北电力强化品牌体系建设、品牌管理提升和品牌形象塑造，开展“红色丝带映初心　绿色工程担使命”“民族团结党旗红”等特色实践，打造了一批具有影响力和知名度的红领党建“代表作”，形成了红领党建“价值有引领、实干有方法、争先有目标、创新有载体、成果有特色”的生动局面。

2024年夏天，面对连续高温天气和严峻防汛形势，国网湖北电力各基层党组织成立党员突击队，组建红领尖刀班，扛牢电力保供首要责任。在8月最高温时段，国家电网湖北电力（江南明珠）共产党员服务队帮助种植户检查灌溉设施用电系统，助力种植户的“阳光玫瑰”葡萄亩产达到6000多斤。

推进红领党建塑形铸魂行动，国网湖北电力超高压公司党委搭建先进典型培养数据库，从安全生产、科技攻关等4个领域，差异化制定一人一册阶段性培养菜单。1个集体荣获全国工人先锋号，4人荣获湖北省青年岗位能手、技术能手以及荆门劳模荣誉称号，持续擦亮务实争先的“鄂电群英谱”。十堰供电公司党委主动服务十堰绿色低碳发展示范区建设，依托

“鄂电红领网格”，项目化推进专项重点任务，满足客户多元化用能需求。襄阳供电公司党委持续建强“领导、中层、职工”三级研学体系，围绕鄂北新型电力系统先行区建设等重点工作，常态化开展领导人员研学课堂、启明大讲堂、襄电青年说等活动。咸宁供电公司党委深化应用“红领突击队”“党建工具包”，开展“百名党员先锋行”“党建引领·村网共建”主题实践。

通过扎实推进红领党建塑形铸魂行动，国网湖北电力着力强根铸魂、凝心聚力，全面打造企业发展的精神高地、素质高地、赋能高地和形象高地，以高质量党建引领保障高质量发展。

二、共产党员服务队架起连心桥

党的十八大以来，国网湖北电力积极响应习近平总书记关于国企党建和为民服务的指示，坚定履行社会责任、经济责任和政治责任，以基层党建创新为契机，成功打造了共产党员服务队这一鲜明品牌，成为党与群众之间的紧密纽带。

2018年，国网湖北电力“光满·爱心红丝带”党员服务队获全国“最佳志愿服务组织”。“光满·爱心红丝带”共产党员服务队成立于2001年。那一年，随县均川镇富家棚村第一例艾滋病患者被发现。其后，全镇28个村陆续发现艾滋病患者。一时间，人们谈“艾”色变，就连均川供电所都没人愿意抄表收费，电网改造被迫停工。紧急关头，供电所党支部发出了“谁都可以走，共产党员不能走”的集结号。随即，供电所党员们兵分三路，重返农网改造现场。与此同时，党员们捐出3400元“特殊党费”，为远离网改规划的艾滋病家庭架起专用线路。

其后，在上班途中，党员服务队员用摩托车送艾滋病孤儿上学。农忙季节，帮助患者割麦插秧。队员与患者家庭结为干亲，为患者家庭当起

“电力红娘”。除夕夜，邀请患者一起吃年夜饭、过温暖年等。多年来，服务队为15户患者家庭安装光伏设备，每户每个季度能增收一千多元，为6户艾滋病患者赠送桃树1200余棵，为艾滋孤儿和留守儿童援建“爱心书屋”。帮扶贫困村4个，资助贫困生23个，捐助资金27万余元。

国网湖北电力（能源互联）共产党员服务队聚焦能源保供“国之大者”，依托能源大数据平台资源，主动研究分析工业用户、家用空调等高耗能场景用户用能特征，深入挖掘各类灵活负荷调节潜力，为公司迎峰度夏保供电方案制定提供应急支撑。

国网湖北电力（匠心·国华）共产党员服务队拓展“党建+优质服务”工程内涵外延，推动城区老旧线缆缠绕问题专项整治，帮助社区及时解决10个新增直供小区安全隐患问题。

国网湖北电力（大别山红安）共产党员服务队以打造“将军故里，电靓红安”特色名片和“大别山中党旗红”特色实践为载体，完成省市级重大保电任务63次，护航革命教育基地163次，先锋模范作用充分彰显。

国网湖北电力（虾乡小福星）共产党员服务队以“为虾乡造福”为服务初心，采取“分季节、分气候、分阶段”的形式，在农忙期为农户检测潜水泵的绝缘性能，在农闲期对用户权属线路进行安全隐患排查、杂乱线

湖北恩施供电公司共产党员服务队进茶山服务当地百姓群众

路整顿，为农户普及安全用电常识，推动虾农安全可靠用电。

如今，国网湖北电力正聚焦共产党员服务队主责主业，突出党建引领，强化功能发挥，在精益精进精彩、实干实绩实效上下功夫，着力淬炼对党忠诚的政治品格，履行电力先行的使命担当，恪守服务为民的庄严承诺，引领文明和谐的社会风尚。

2024年3月，国网湖北电力4支共产党员服务队获评国家电网金牌（优秀）共产党员服务队。

三、争做新时代先锋表率

伟大时代呼唤伟大精神，崇高事业需要榜样引领。今天的国网湖北电力，一批党员先锋奋勇争先，用实际行动彰显共产党员的先进性，争做新时代先锋表率。

走进孝感市大悟县新城镇红畈村，一块块光伏板布满屋顶，一台台风力发电机随风旋转，一盏盏太阳能路灯伫立，如同置身于一座绿色发电厂。所有这些的背后，离不开一个叫范典的共产党员。

作为国网湖北电力驻大悟县新城镇红畈村乡村振兴工作队队员，自2022年1月驻扎红畈村来，“建成全省首个零碳村”成为范典的工作目标。

然而，实现这样的目标何其难！红畈村位于大悟县新城镇较偏僻的东北角，全村有471户，主要以煤、柴、柴油和汽油为主，距离“零碳”几乎遥不可及。

不行动永远无法抵达目标！结合红畈村的实际情况，范典与红畈村“村两委”成员、党员干部共同商议，发挥当地资源优势，将山场、屋顶等地势转化为清洁能源开发地。随后，他带队协助编制完成红畈村2021年度碳排放核算报告，13页的报告中，有43项核算指标，细到村里一只鸡的排碳量，都有详细的数据。

“要做就要做实，要干就要干好。”范典这样说，也这样做。按照碳排放核算报告，要达成“零碳”，红畈村要扩建968千瓦的“减碳”装置。为建设这些装置，范典争取各方支持，2022年6—11月，村里“源网荷储”示范基地、全园新建等项目相继开工。那段时间的范典，可谓废寝忘食、殚精竭虑，白天要下村组、入户倾听百姓心声，晚上就加班加点归纳意见建议，编制可行性报告。腰酸背痛、眼球发红的他，没有完整地休息过一天，但是他一往无前，坚持每天与施工人员、村组干部群众同吃同住同劳动，确保工程质量达到要求。

功夫不负有心人！2023年7月，经过行业内专家现场综合评价后认定：红畈建成湖北首个“零碳村”。2023年11月，国网湖北电力受邀请参加联合国气候变化大会，就红畈“零碳村”建设作交流发言。

回望两年的驻村帮扶工作，范典说，他以党员的先锋模范作用自我要求，尽了一个共产党员的职责。2023年，范典光荣当选国网湖北电力年度“最美鄂电人”。

传承红色基因，争做新时代红领先锋，国网湖北电力共产党员在行动。

2024年1月，国有企业优秀共产党员、国网湖北送变电工程有限公司输电运检分公司带电作业班班长王明，当选国家电网公司第四届“最美国网人”。

2011年，王明完成高海拔地区500千伏输电线路耐张杆塔“跨二短三”法进出等电位安装在线监测装置。2013年夏天，在送变电公司从未进行过带电走线且持续36℃的高温下，他主动请缨，首次完成带电走线寻找故障点工作。2014年5月，他带领他的班员们圆满完成了全国首次±800千伏特高压更换绝缘子大型带电作业，同年6月完成全国首次±800千伏特高压耐张杆塔“自由电位法”等电位作业，实现了特高压带电作业史上两次零的突破。

作为国网湖北电力应急救援基干分队队员，关键时候，王明总是挺身而出，2012年，十堰“8·6”特大暴雨的水上搜救有他，2015年，“东方之星”的沉船救援中，也有他。2020年大年初一，他更是瞒着父母，逆行前往火神山，连续作战15天，为火神山医院建设工地提供夜间照明保障。

2019年年初，咸宁九宫山突降暴雪，村民用电受到影响。紧急时刻，青年党员干承源凌晨5点出发，在冰天雪地里奋战十几个小时，直到送出光明。2024年寒潮下，干承源一直奋战在大目大幕山，由于冰雪覆盖车辆不能通行，他日均路程三万步，直到除夕还坚守保电一线。

2023年，国网电动汽车湖北公司共产党员许莹通过在武汉泛海换电站内建设模块化储能柜，实现峰谷电价套利与参与电网需求侧响应两种场景的即时切换，建成国内首个“换电站S2G需求侧响应”示范项目，在国内首次高效、可靠地实现了换电站与电网互动。

如山使命扛在肩，越是艰险越向前。是党员，便是先锋。党员先锋模范作用，便是不向困难退半步、只向胜利添精彩，党员的先锋性体现在科技创新的现场，在安全生产的一线，在供电服务的窗口，在每一个需要党旗高扬的前沿阵地。

延伸阅读27

党的十八大代表左光满：把客户当家人 把服务当家务

左光满在平凡岗位上默默奉献，倾情服务，被誉为“百姓电工”，以他名字命名的“光满服务队”获得了“全国工人先锋队”称号，他本人也被授予“全国劳动模范”称号。

14年前，40岁的左光满刚刚转业到广水市电力局，一位老战友家里盖房子，找左光满办装表接电手续。事后，战友感谢地说：“人熟好办事，幸亏有你这么个熟人。”这话点醒了老左：“有什么办法能让所有客户都快速找到我？我能不能成为大家的熟人呢？”

他很快自己花费1000多元买了部BP机，将号码印在小卡片上，并认真地写下“用电有困难，请找左光满”，并承诺5分钟之内复机，30分钟赶到现场，实在分不开身，主动预约时间。

承诺抵千金。14年来，他开展故障抢修服务45300多次，实现了客户“零投诉”。他与2300多个客户亲如邻里，辖区的百姓亲切地称左光满是随叫随到的“电保姆”。

选自2012年9月24日共产党员网

延伸阅读28

以“一校三基地”探索发展国有企业党校

党校事业是党的事业的重要组成部分，党的十八大以来，习近平总书记高度重视党校事业发展，围绕“为什么办党校、办什么样的党校、怎样办党校”的根本问题作出一系列重要论述，深刻阐明新时代党校在进行伟大斗争、建设伟大工程、推进伟大事业、实现伟大梦想中的职责使命。国网湖北省电力有限公司党委深入贯彻落实国家电网有限公司党组关于打造一流企业党校的要求，坚持党对党校工作的全面领导，深刻认识把握党校办学治校规律，坚定围绕中心、服务大局的政治站位，创新提出“一校三基地”目标定位与建设思路，大力推进党校在深入践行“为党育才、为党献策”初心上奋发有为。

国有企业党校要成为推动国企党建工作与业务工作高度衔接融合的重要阵地。国有企业是中国特色社会主义的重要物质基础和政治基础，是党执政兴国的重要支柱和依靠力量。国有企业既要当好中国特色社会主义经济的“顶梁柱”、国民经济的“火车头”和关键领域的“压舱石”，又要在不折不扣落实好党中央决策部署中勇当排头兵。这就表明国有企业在坚持党的全面领导这一政治原则的同时，要深刻把握党建工作和业务工作的有机统一。

国有企业党校是全国党校系统的有机组成、是企业党委的重要部门。要坚持党校姓党的根本原则，牢记国有企业推动经济发展、服务社会民生的责任担当，自觉把党校打造成为推动党建工作与业务工作高度融合衔接的重要阵地。首先，要坚持正确的办学方向。始终牢记一切教学活动、一切科研活动、一切办学活动都坚持党性原则、遵循党的政治路线，坚决把讲政治的要求落实到党校工作各个方面各个环节，教育引导国有企业党员干部不断提高政治判断力、政治领悟力、政治执行力，深刻领悟“两个确立”的决定性意义，增强“四个意识”、坚定“四个自信”、做到“两个维护”。其次，要坚持聚焦企业改革发展。找准与企业发展战略的结合点、切入点、着力点，紧密围绕更好发挥“科技创新、产业控制、安全支撑”作用和国资国企改革中心任务，把高水平育才和高质量献策贯通起来，做到企业事业发展需要什么样的干部，党校就培养什么样的干部，企业需要解决什么重大问题，党校就努力在哪方面建言献策，使党校成为出一流思想、出一流成果、出一流人才的摇篮。最后，要坚持教研与实践相贯通。将理论武装、党性教育和能力培训有机融合，将政策理论研究、应用对策分析与基层一线实践有机对接，努力使理论武装更加系统深入、党性教育更加触及灵魂、能力培训更加精准高效，研究咨询更加具有前瞻性、针对性，有力推动国有企业党的建设与生产经营深度融合，加强国有企业领导班子和干部人才队伍建设，切实把党建优势转化为国有企业的创新优势、发展优势、竞争优势。

国有企业党校要成为培育卓越领导者、创新主力军、专业带头人的培养基地。国有企业领导者承担着管理企业、建设队伍的重要职能，是推进企业改革发展的“领头雁”；创新人才承担着企业管理创新、技术创新、科技创新的重要职能，是推进企业建设中国式现代化的主力军；行业专家是企业在各自领域的“行家里手”“知识宝库”，是企业高质量发展的攻坚力量。因此，国有企业必须培养造就一大批卓越领导者、创新主力军、专业带头人。

国有企业党校是国有企业教育培训党员领导干部的主渠道、主阵地，承担企业常态化开展基本培训、强化党员专业训练和实践锻炼的重要职责，必须在“为党育才”上不断探索新的思路和有效的方法。首先，针对企业党员领导干部，要落地落实国有企业领导人员“二十字”标准，培养一批有想法、有行动、有创造、有业绩，具备“敢为、善为、能为”特质，善于运用卓越绩效模式、拥有较高经营管理水平的卓越领导者，为企业“干在实处、走在前列”培养“带头人”。其次，针对企业科技人才、高技能人才、青年创新人才，要重点围绕提高关键领域自主创新能力，强化企业科技创新主体地位，培养一批具备创新精神、创新思维和创新能力的创新主力军，为企业新质生产力发展注入不竭动力。最后，针对企业各类专家、职员工匠等，加强专业人才培养和队伍建设，着力造就大批胸怀使命感的尖端人才，培养一批政治站位高、视野格局广、思想境界深、担当作为好，在行业领域具有权威影响力的专业带头人，为建设世界一流企业提供坚强人才保障。

国有企业党校要成为服务企业党委深入调查研究、实施科学决策的高端智库。2023年5月，国务院国资委印发《关于中央企业新型智库建设的意见》，要求中央企业新型智库围绕党和国家重大战略决策需求开展咨询研究，切实提高服务科学决策咨询的能力水平，推出成体系、有价值、树旗帜的智库成果。

国有企业党校是国有企业的独特政治资源和政治优势，是国家智库体系的重要组成部分，在推动企业高质量发展、凝聚职工群众、承担社会责任方面具有重要作用。相较于其他企业智库，国企党校智库具有完备的科研体系优势和突出的学员实践优势，要立足需求导向和问题导向，从制约国有企业高质量发展的问题出发，聚焦深化和拓展中国式现代化、构建新发展格局、推动高质量发展、加强国有企业党的建设和领导人员队伍建设等重要方面中出现的普遍性难题，积极开展前瞻性、政策性、应用性研究。首先，建立“问策专家”“问策学员”的咨询机制。建立党校专家智库，聘请知名专家成为党校智库成员参与党校教学、科研、办学等活动；充分发挥学员来自不同单位不同领域的资源优势，深挖学员智慧“富矿”。坚持理论与实践相统一，通过专题研讨、调查研究等方式，共同开展重大现实问题研究，提出解决问题的党校方案。其次，建立“为党献策”“为企献策”的红色智库。紧扣国有企业强化战略安全、产业引领、国计民生、公共服务等功能，聚焦主责主业开展研究，提出更好支撑和服务中国式现代化的建设意见；成立党校研究中心，统筹推进各类重点课题研究，为企业党委决策部署提出“有价值、有分量、有影响”的意见建议。最后，建立“教研咨”一体化的科研机制。坚持以教带研、以研促咨，利用课题研究成果产“名课”、出“名作”，实现教研咨相互促进、协同发展。建立党校列席企业重要工作会议机制，针对性开展决策咨询。完善优秀成果甄别、评估、检验及奖励等制度，推进课题研究、课程开发、咨询报告、教材出版、论文发表等不同类型的研究成果产出与转化。

选自2024年11月6日《学习时报》

作者：吴英姿

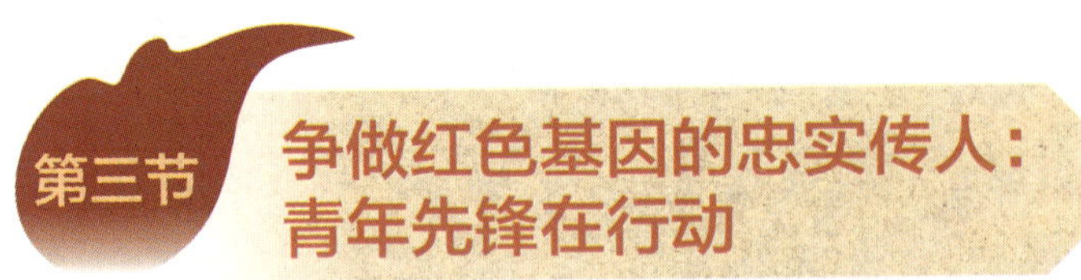

第三节 争做红色基因的忠实传人：青年先锋在行动

今天，广大青年员工站在时代前沿，他们树牢“重实干、重实践、重实绩”的价值导向和“思想争先、能力争先、作风争先、业绩争先”的精神追求，成为湖北电力事业的希望。

一、争当电网青年先锋

迈入新时代，争当电网青年先锋在青年员工中得到积极响应。他们下沉到工地，扎根到变电站、供电所，在一线岗位提升技能，磨砺意志。他们奔向湖北电网最前沿，汇成推动湖北电网高质量发展的青春浪潮。

2023年，国网湖北超高压公司平均年龄仅27岁的青年团队，接下500千伏赤壁智能变电站的运维任务。18人的团队，由近几年入职的青年骨干遴选产生。团队成立的“赤壁站筹建专项青年工作小组”，以争当电网青年先锋为己任，他们带给变电站的首个惊喜便是一项“黑科技”，这项“黑科技”可以让送电时的倒闸操作，远不同于从前需要模拟、复诵、操作、检查，而是采用自动化技术，实现全站关键设备远程一键顺控操作，耗时缩短80%以上。

迈入新时代，争当电网青年先锋在青年员工中得到积极响应。他们下沉到工地，扎根到变电站、供电所，在一线岗位提升技能，磨砺意志。他们奔向湖北电网最前沿，汇成推动湖北电网高质量发展的青春浪潮。

“基层一线既客观存在着人才匮乏的短板，又深深蕴藏着最有营养的沃土。高学历的青年技术骨干亟待补上‘基层’这一课，而我们基层站所也需要这些‘技术达人’‘创新达人’来搅动一池春水、破解我们的困局。”襄阳供电公司张湾供电所所长张卫如是说。

“把《安规》中死记硬背下来的内容变成了自己真正懂的，把电脑中的数字和图像变成了实实在在接触并熟悉的刀闸、线路、台区，这就是两年来我最大的收获。”经过两年在基层一线的摸爬滚打，宜昌供电公司青年员工朱震东获益匪浅。

随州供电公司陶王柱被评为“全国向上向善好青年”，扎根均川供电所，一直心系着镇上的贫困户，不仅为他们免费安装光伏板和智能电能表，光伏电费的收入，他也一一帮助落实到位。

500千伏赤壁变电站青工组从2023年6月开始驻扎施工现场，他们一边研究变电站整体设计，一边见证设备出厂、编制验收规范。面对数以千计的变电设备，大家整理出赤壁站专用一、二次验收指导卡25类，共9000多条项目。12月份送电前夕，寒潮来袭，此时正处于电气设备集中安装期，青工组经常在寒风刺骨的深夜核对信号回路。但是，大家工作热情饱满，常常拍下团队夜里收工的背影。完成变电站送电操作的人员，为两名入职刚满3年的新员工，两人扛起重任，反复熟悉操作流程，最终不负众望，一次送电成功。

争当电网青年先锋，是引导青年员工“向下扎根、向上成长”的导向，在带领青年积极服务公司中心工作的同时，推动着青年快速健康成长。进一步筑牢党在基层青年中的执政基础，为青年守正创新、担当作为提供平台，为企业的发展书写下动人的青春注脚。

二、红领·正青春

赓续红色血脉，凝聚青春力量，“红领·正青春”成为新时代国网湖北电力青年的召唤，他们扎根岗位，奉献企业，为国网湖北电力的高质量发展输入青春的动能。

特高压技术被称为世界电力技术的明珠，国外没有成熟技术。近年来，国网湖北电力科研团队向特高压技术这座“珠穆朗玛峰”发起冲锋，青年员工刘睿成功实施世界首例±1100千伏特高压换流变压器现场特殊试验，自主研制出世界首台可移动自主升降无局部放电试验平台，成功立项高压电气绝缘管型母线技术国际标准，打破了这一高技术被发达国家垄断的格局。闫旭东研发带电更换1000千伏V串绝缘子绝缘软拉棒等工器具，填补了国内乃至世界同领域空白，编写的作业指导书被确定为行业技术规范。

2016年，刘睿和团队决定围绕绝缘管型母线辅助类设备开展自主研发，由此开始国际标准创制道路的探索。因为当时，国际电工委员会和国际大电网会议组织在该领域中国国际标准立项数仍是“零”。通过5年的自主研发，刘睿和他的团队取得众多关键技术突破，构建了国内绝缘管母技术标准体系，率先在国际上拿出了设备技术标准的成套方案，打破了发达国家技术垄断，抢占了国际市场话语权，助力国产设备出口和产业升级。

2019年，举世瞩目的第7届世界军人运动会在武汉举办。正在国网武汉供电公司挂职的刘睿接下牵头开展全市保电相关配网电缆的隐患排查工作。为完成任务，他自行查找国际电气工程师学会的技术标准和著作，结合工程环境特点，优化试验方法，编制了武汉公司军运会保电电缆检测作业指导书。他冒着酷暑，70余天深入全市所有区县试验现场，监督隐患排查工作，逐个指导异常数据的诊断和处理。最终在600多条次试验中发现异常数据125次，更换问题电缆30余段，为军运会保电提供了有力的技术支撑，保障了军运会期间相关设施的可靠供电。

2022年10月，刘睿光荣当选“荆楚楷模”，成为国网湖北电力“红领·正青春”落地生根的代表之一。

和刘睿一样，武汉供电公司调度控制中心自动化运维工张少谦是位“95”后，硕士毕业一入职，便扎根调度自动化运维一线。在新型电力系统建设浪潮中，足迹遍布150余座变电站，接入监测信息3000余条，率队完成武汉电网变电站网络安全监测全覆盖。带领青创团队开展的“便携式堡垒机”“串口大师”“概率云”等项目攻关，获中国水电质协特等奖等创新奖项10余项。

荆门检修分公司输电智慧运检班班员张笑尘自2020年9月入职输电运维班，积极投身于推动输电运维向“无人机+可视化监控”的数字化智能化发展浪潮，他参与超特高压线路三维建模和树障分析，推动验收工作高效完成。投身无人机“机巢”应用，实现无人机输变配一体化巡检，提升巡检效率至人工巡检的5倍。2023年，张笑尘作为湖北代表团唯一的基层团员代表，参加了中国共青团第十九次全国代表大会。

荆门东宝区供电中心城区服务站的10名青年，发布了全省首张电力便民服务地图，招募一批“电大妈”“社区电工”，建立实体“水电气”共享营业厅，将志愿服务触角延伸到多个角落。2023年，服务站荣获“全国青年文明号”。

国网湖北直流公司运维中心龙泉换流站，在直流控保系统改造期间，青年集体主动作为，历时188天，圆满完成直流控保40台主机、68台测量设备、1019块板卡、114.45公里电缆光缆的国产设备改造工程和235项调试试验，实现双极直流系统零缺陷一次性送电成功。工程打破了国外技术垄断局面，成为国家电网公司换流站直流控保系统改造先行先试的“湖北样板”。2024年，该站荣获2023年度“全国青年安全生产示范岗”称号。

如今，在电网数智转型的趋势下，张少谦正通过专业实践激发创新灵感，继续为数字化的智能电网建设思考和探索。张笑尘则说，成长就是把汗水洒在破土而出的希望上，汗水所至的每一处，都是青春腾飞的最好模样。

奋斗映初心，青春耀芳华。青年心中有信念，脚下才有力量。坚定理想信念、贡献青春力量、展现担当作为，湖北电网青年正奋进在新时代的征途中，贡献“红领·正青春”的力量。

延伸阅读29

借火江浙沪·年轻干部谈感想

湖北省电力有限公司党委把年轻干部人才培养作为关系事业发展全局的关键性、根本性问题来抓，深入践行新时代党的组织路线，坚持党管干部、党管人才，打出“华东挂职”“上挂下派”等一系列人才培养“组合拳”，激活人才队伍“一池春水”，凝聚干事创业磅礴力量。公司系统一批年轻干部从江苏、上海、浙江供电公司学成归来后，收获良多。

一

在与上海公司各层级干部员工的接触中，我强烈地感受到我们要大力弘扬“高严细实快”的工作作风，以“坐不住、等不得、慢不起”的紧迫感责任感，一切工作奔着问题去、奔着解决问题去、奔着目标效果去，大力营造“说了就办、定了就干、干就干好”的高效执行文化，把全部精力和智慧集中到推动工作高质量落实上来。要以思想破冰引领发展突围，破除“小富即安”的小农意识，破除条条框框的束缚，破除“差不多就行、只求过得去、不求过得硬”的思想，主动加强学习、积极拥抱变化，为公司奋力冲刺“华中区域领先、国网第一方阵”目标添砖加瓦。

——董明齐，1982年8月出生。时任国网湖北经研院党委委员、纪委书记、工会主席。2022年1—6月挂职国网上海电科院副院长。

选自2022年7月25日“荆楚电力”公众号

作者：董明齐

二

半年多的工作和生活，我感受到了上海公司发展迅猛的活力，感受到了上海公司上下解放思想、与时俱进、开拓创新、务实求效的精神。上海拥有机遇，但也面临挑战。上海公司省管产业发展日新月异，但成绩的取得绝不是轻轻松松、敲锣打鼓就能实现的。在上海公司省管产业发展的过程中，他们坚信困难只是阶段性的，他们凝聚“九牛爬坡，个个出力”的奋斗合力，从未停下奋斗的脚步。感慨之余，更多的是思考。异地挂职是一门学问，对于一个年轻干部来说，一定要从了解专业、行业、发展背景等方面入手，全面锻炼培养自身的综合能力，善学善用、善作善成，成为懂经营、善管理、敢创新、接得住、能成事的专业化干部。如何将挂职锻炼所学所闻所见所感所悟带回湖北，推动工作质效提升，推动公司又好又快发展，是我需要持续探寻的课题。我将常怀远虑、居安思危、开拓创新、保持定力，致广大而尽精微，为省管产业单位发展做出新的更大贡献。

——龚举强，1985年5月出生。时任国网十堰巨能电力集团有限责任公司党委委员、副总经理。2022年1—6月挂职上海恒能泰企业管理有限公司安全监察部副主任。

选自2022年8月9日“荆楚电力”公众号

作者：龚举强

三

在上海电缆公司电缆运检中心挂职副主任期间，我深入班组，积极融入各项工作，深学其工作作风、勤学其管理理念、精学其先进做法，努力做到带着经验回、带着感情回。6个月里，我累计参加上海电缆公司运检中心生产周例会48次；参加故障分析、技术研讨、方案审查会32次，深入故障抢修、外破防控、新建500千伏静安三回电缆工程附件制作等现场履职21次。其间，我深深体会到了上海电缆公司在业内超前的管理理念、务实的工作作风、专注的专业精神，开阔了视野、增长了才干、提升了能力。在与上海电缆公司干部员工相处的6个月里，我受益良多，同时也强烈感受到：我们要切实增强责任感，用实际行动落实“作风建设年”的每一条举措，涵养“高严细实快”的工作作风，树牢“说了就办 定了就干”的理念，带领本专业奋力冲刺“华中区域领先、国网第一方阵”目标！

——雷成华，1986年6月出生。时任国网湖北省电力有限公司设备部输电处副处长，2022年1—6月，挂职国网上海电缆公司运检中心副主任。

选自2022年8月24日“荆楚电力”公众号

作者：雷成华

附录1　干在实处展风采　走在前列建新功

2024年伊始，从国家电网公司两会上传出喜讯，国网湖北电力2023年度企业负责人业绩考核位居国网第四名，并且首次迈入A+级行列，超额完成了“保七争六”目标，交出了一份闪亮的成绩单。这两个史诗般的突破，创造了公司历史上最好业绩，书写了国网湖北电力新的历史，必将浓墨重彩地载入公司发展史册！这是公司党委高点谋划，高标引领，团结带领全体干部职工围绕“干在实处、走在前列”主题主线主基调，奋力拼搏、勇攀高峰收获的丰硕成果，是各部门、各单位齐心协力、创先争优取得的耀眼佳绩，是变不可能为可能的奇迹，是国网湖北电力发展史上新的丰碑！

一年来，我们砥砺前行，用拼搏赢得高频点赞。回望来路，关山几重；惟其艰辛，更显勇毅。公司上下择高而立、向上而行，以实干为笔、争先为墨，绘就了走在前列的精彩画卷。高层认可特色显。公司从主题教育中寻找“金钥匙”，旗帜领航红领党建工作经验获得中央第23巡回指导组认可推广；全国人大常委会副委员长、全国总工会主席王东明亲临公司调研，充分肯定产业工人队伍改革成效；公司积极服务抽蓄发展，全国政协副主席周强批示给予高度评价。国家电网公司肯定亮点多。国家电网公司在湖北召开首次安全文化建设现场会。公司党委在国家电网公司的组织、人资、审计等多个专业会议上作交流发言。政府表扬站位高。公司服务湖北“先行区”建设屡获赞誉，得到省委、省政府领导批示64次。省委书记王蒙徽批示支持加快新型电力系统建设；省长王忠林称赞公司电力保供工作有力保障了全省经济社会发展；武汉市委副书记、市人民政府党组书记、市长盛阅春对公司降低实体经济用电成本予以充分肯定。一份份批示、一次次肯定的背后，凝聚着公司全员滚石上山勇向前的辛勤汗水，激荡着广大干部职工奋发图强再登高的澎湃动能，映射出鄂电铁军竞逐风流看今朝的壮志豪情！

一年来，我们披坚执锐，用实干开辟争先之路。踏平坎坷方为路，历尽冰霜便是春。公司上下踔厉奋发、勇争一流，向高处攀、与强者比、跟快的赛，从前队向前列冲刺，从高原向高峰进发，荆棘丛生的争先之路深深地烙印上了奋斗者坚定前行的足迹。示范引领创新多。公司创新碳管理，作为特邀代表在联合国气候变化框架大会边会上发言，上线国家电网公司首个企业碳管理平台，开展全国首场“电—碳—金融”市场协同交易，获批国家电网公司唯一碳标准建设示范单位。探路先行成果丰。公司勇闯新型电力系统“无人区”，以世界首个县域100%新能源示范工程为基础，全力打造国内首个跨地市的鄂北新型电力系统先行区；湖北虚拟电厂可调能力突破百万千瓦，全国领先，农村能源革命“4村1镇”项目加快推进。频频获奖成色足。公司主导制定的两项国际标准正式发布；2家单位分别入选国家第五批专精特新“小巨人”企业和国务院国资委“科改示范企业”；多个项目、典型经验分获国际国内大奖。这一份份“首个”“率先”频出的成绩单，一个个“唯一”“领先”闪耀的光荣榜，凸显出公司“实干争先”这个闪亮的年度关键词，为能源转型变革提供了“湖北样本”“湖北方案”“湖北智慧”。

一年来，我们逐梦追光，用突破谱写发展新篇。狭路相逢勇者胜，勇者相逢智者胜。公司上下克难攻坚、竭智尽力，解决了一批事关长远发展的难题，办成了许多过去想办没有办成的大事。“不走寻常路”“跳起来摘桃子”“越是艰险越向前”，成为公司工作常态。保供稳价成效大。公司坚决扛牢电力保供首要责任，“源、网、荷、储”同发力，实现了全省全年“不拉闸、不限电”既定目标。加快推进特高压“四线两站”工程建设，金上—湖北工程全面开工，驻马店—武汉工程按期投产，湖北电网“高速路”持续畅通。科技创新措施实。最高规格召开创新大会，组建“院士天团”出谋划策，构建三级科研体系，科技创新动能澎湃。获得发明专利540项，牵头获省部级及以上科技奖15项，实现科技成果转化收益1.28亿元。公司首个湖北省重点实验室成功获批。闯关夺隘突破多。促成17家地市政府全部出台红线外投资政策；与武汉市政府共同牵头推进世界一流城市电网建设；促请政府出台充电桩基础设施建设、新能源竞争性配置等20余项支持性政策，政企合作达到新高度。这一个个向难而进、破题开路的生动实践，不断刷新公司改革发展的新高度，汇聚成争先率先的示范矩阵，唱响了奋进新时代的追梦之歌。

大鹏一日同风起，扶摇直上九万里。公司2023年闪亮的业绩无可辩驳地说明，必须志存高远，才能勇立潮头；唯有脚踏实地，方可步履铿锵。2024年，公司广大干部职工要以踏石留印、抓铁有痕、善作善成的韧劲和干劲，锚定“国网第一方阵、世界一流企业”目标，重整行装再出发，重任千钧再奋蹄，在国网湖北电力“创造历史、书写历史”新征程上奋力增添新的荣光！

选自2024年1月12日“荆楚电力”公众号

国网湖北省电力有限公司党委宣传部供稿，选用时有删改

附录2　立足能源安全湖北实践　开创安全发展新局面

国网湖北电力坚决贯彻习近平总书记关于安全生产重要论述和重要指示批示精神，全面落实国家电网有限公司党组部署要求，以“一刻不松”的干劲、“一抓到底”的狠劲、“一以贯之”的韧劲，开创安全发展新局面，以高质量发展和高水平安全良性互动，更好地撑和服务中国式现代化湖北实践。

立足“国之大者”践行能源安全新战略

能源保障和安全事关国计民生，是须臾不可忽视的“国之大者”。必须深入践行“四个革命、一个合作”能源安全新战略，更好地担负起保障能源安全的使命责任。打造农村能源革命湖北模式。农村能源革命事关新型能源体系构建和乡村振兴两大战略任务。国网湖北电力以“四村一镇”为试点，构建以电为核心的绿电“零碳”农村新型能源体系，打造“新能源开发利用+污废物循环利用+产业带动”的农村能源革命模式。建成省级虚拟电厂管控云平台。当前，湖北新能源发电装机占比突破30%，必须把建设虚拟电厂作为缓解尖峰负荷、促进新能源电力消纳等的重要手段，在虚拟电厂参与调峰市场的基础上，进一步开发调频、备用、爬坡等辅助服务市场种类，建设虚拟电厂参与的电能量市场，推动湖北虚拟电厂从“交易型”向“自治型”转变。攻坚“三型三强”新型电力系统。立足湖北能源禀赋和电网特点，开展“三型三强”（安全充裕型、数智友好型、主动平衡型，全省清洁能源配置强平台、全国新型电力系统互联强枢纽、长江经济带新型能源体系构建强支点）湖北新型电力系统攻关行动，联合知名高校、高新企业成立新型电力系统技术联盟，为全省新型电力系统建设提供成套技术解决方案，力争2030年率先基本建成省级新型电力系统。建设湖北特色的电力现货市场。在确保电力安全稳定供应的前提下，不断完善市场机制，促进现货市场与实时运行深度融合，构建新型市场运行调度体系、新能源市场化运行结算体系、源网荷储市场化联调联动体系和主体多元、充分竞争的现货市场体系。

立足主责主业　建电网安全新格局

确保电网安全和电力供应是不容懈怠的首要责任。必须扛牢职责使命，聚精会神“建好网、供好电、防好灾”。把握枢纽电网特殊区位，推进网架优化补强工程。把握湖北电网通道型、枢纽型特点，聚焦防范跨区联络性故障、优化直流受端网架、降低交直流交互影响、治理系统短路电流超标和化解县域大面积停电风险，部署实施“三优六补”网架优化补强工程，制订“百项工程”清单，按照年内立行立改一批、2025年年底前从快解决一批、后期结合规划全面整治到位的“三步走”策略分类施治，推动电网高质量发展。扛牢电力保供首要责任，推动保供能力实现新跃升。全力做好各类电源并网服务，推动火电机组受阻率同比降低1.1个百分点，用好“点对网”、丰枯置换等手段增购省外电力，保障度夏期间顶峰能力。坚持用好需求响应手段，在落实节约用电、需求响应等措施的基础上，进一步完善负荷管理“工具箱”，加快储备130万千瓦空调负荷资源，坚决守牢民生用电底线。针对灾害频发情况，全力提升防灾减灾能力。突出“抢早部署、主动避险、先复后抢”核心策略，从夯实电网安全基础、提升设备抗灾能力、强化防灾主动运维、建立快速复电体系等7个方面落实24条提升措施，提高重点线路区段和灾害易发地区设防标准，在交通脆弱点、民生关键点等分区就近储备应急资源和力量，确保关键时刻拉得出队伍、用得上装备。

立足“两个至上”实施安全管理新举措

必须从“两个至上”蕴含的人民立场中深化认识，从最基础的地方着手，从最关键的环节用力，不断提升安全治理水平。以强责固基推进治本攻坚。安全是发展之基、立企之本。国网湖北电力立足安全问题源头治理，将安全强责固基攻坚作为安全生产治本攻坚三年行动和“制度执行年”活动的主要抓手，全面推进强责、固基、提能、护安4个方面106项重点任务，系统解决安全基础不牢、责任不实、制度不严等问题，筑牢企业安全发展根基。以管理穿透推动责任在肩。坚持“抓关键、强穿透、守底线”，建立安全服务工作双周讲评会机制，以点人点事点责任的方式剖析问题，通过“一把手现场说清楚”带动各级单位提认识、抓整改、促提升，对安全风险突出的单位开展安全履责督查，达到“点评一案、纠治一类、警醒一片”的教育效果，切实推动管理贯穿、责任在肩。以主动运维强化设备管理。坚持“管设备就是管跳闸，管跳闸就是管缺陷”理念，一方面以数智赋能为突破点，应用卫星遥感、无人机、通道可视化等技术开展“空、天、地”立体巡检，打造重要输电通道智慧管控等示范项目，提升故障在线监测和精准预警能力。另一方面以跳闸管控为着力点，开展“强作风、降跳闸”专项行动，构建“内驱型”隐患排查治理体系。以严抓严管创建平安现场。把作业现场作为守护安全最重要的战场，大力开展反违章活动，用严肃的惩处、全面的反思治理违章。积极争创国家电网有限公司平安现场、无违章现场，把创建要求贯彻到每一个班组、落实到每一个现场，激发作业人员遵章守纪内生动力，切实提升标准化、规范化作业水平。

选自2024年6月27日《国家电网报》

作者：吴英姿

附录 3　以全面深化改革谱写高质量发展新篇章

国网湖北电力坚决落实国家电网有限公司学习贯彻党的二十届三中全会精神暨2024年年中工作会议部署，统筹改革任务，锚定“站稳国网第一方阵、建设世界一流企业”目标，守正创新、实干争先，以全面深化改革努力谱写高质量发展新篇章，为中国式现代化湖北实践作贡献。聚焦增强核心功能、提升核心竞争力，坚定不移做强做优做大 公司党组提出，聚焦主责主业，一体推进功能使命性改革和体制机制性改革。国网湖北电力牢记“国之大者”，打造内驱型、精益型、创新型、活力型、责任型“五型”企业，为世界一流企业建设助力添彩。

履行使命任务提升“五个价值”。围绕提升增加值，落实大规模设备更新行动，推进“三线两站”特高压工程等重点项目建设。围绕提升功能价值，在公司定点帮扶县区建成农村能源革命试点项目，走出一条“新能源开发+污废物循环利用+产业带动”的绿色低碳发展之路。围绕提升经济增加值，坚持“先算后投”，深化全寿命周期成本管理，提高投入产出水平。围绕提升战略性新兴产业收入和增加值占比，加强科技攻关布局，推动成果转化。围绕提升品牌价值，打造品牌建设体系，绘制“品牌树”，推介10个具有引领力、含金量、美誉度的特色子品牌。

扛牢主责主业推进“三大工程”。聚焦能源保障和安全，全力“建好网、供好电、服好务”。实施湖北电网优化补强工程，制订“三优六补”137项工程清单，着力提升鄂东、三峡片区、荆门荆州三大片区供电能力。实施电网数字化智能化提升工程，建成以数字化智能化平台为底座、业务应用为核心、协同控制系统为执行网络的数字空间，以数字空间决策指导物理电网建设。实施卓越供电服务体系建设工程，围绕优化营商环境、服务政府决策等方面，推动供电服务体系机制、服务模式、技术手段等全面升级。

加快功能升级开展“五大攻坚”。发挥央企“科技创新、产业控制、安全支撑”三大作用，开展科技创新攻坚。开展产业提质升级攻坚，加快打造“三强三优”现代产业集群。开展安全强责固基攻坚，坚持责任全覆盖和管理全穿透，以严的基调抓安全责任落实，以严的标准抓核心能力建设，确保安全局面稳定。开展供电可靠性提升攻坚和新型电力系统建设攻坚。 聚焦市场化改革方向，服务全国统一电力大市场建设党的二十届三中全会提出，深化能源管理体制改革，建设全国统一电力市场。国网湖北电力坚持市场化改革方向不动摇，着力推动各类市场有序衔接、促进新能源有效消纳、服务新兴业态健康发展。

以健全规则为基础促进统一电力市场建设。规则体系是市场有效运作的基础。立足电网企业市场建设实施主体定位，配合政府出台电力市场“政策包”，实现长周期结算试运行，构建“省间+省内”协同运作、“中长期+现货+辅助服务”协调运行的市场完整体系。

以价格机制为抓手增强资源优化配置能力。拓宽新能源市场消纳空间，推动全省110千伏及以上新能源非帮扶项目全部“报量报价”进入现货市场，创新电量保障结算和保障性出清机制，推动新能源消纳率提升。开辟新主体市场收益渠道，推动建立储能充放电现货市场价差获利机制、全国最大省级虚拟电厂常态参与填谷市场。

以“电-碳”协同为方向探索助力“双碳”新兴路径。立足碳排放权登记结算（武汉）有限责任公司落户湖北的优势，建成全国首个省级“电-碳”联动市场，首创“电-碳-金融”三市场协同交易，通过“碳配额质押贷款、贷款购买绿电、绿电抵扣碳配额”，形成“碳变钱、钱买电、电抵碳”多方共赢的良性循环。 聚焦能源变革趋势，塑造高质量发展新动能新优势当前，新一轮科技革命、能源革命和产业变革深入推进，能源电力行业面临新的机遇和挑战。国网湖北电力以科技创新驱动、以数字技术赋能，加快实现高水平科技自立自强，加快推动电网数字化智能化升级，培育战略性新兴产业，开辟发展新领域新赛道。

加快数字化智能化赋能。推动数字化智能化技术和电网生产运营、管理运行过程深度融合，打造新型电网形态，增强以电网为枢纽的能源电力系统的互联互通能力、供需匹配能力、风险应对能力和综合服务能力。开展电网数字孪生系统建设、设备智慧管理、智慧配电网建设、负荷智慧管理、智慧调度建设五大专项行动，支撑构建适应电网发展的生产关系。加快人工智能在生产经营管理中的规模化应用，打造网格“云”电话平台、数字化审计助手等工具，实现工作减负、提质增效。

加快实现高水平科技自立自强。出台科技创新33项举措，绘制科研“攻关图”，聚焦新型电力系统、新型配电网、数字技术赋能三大重点领域，编制科技攻关图谱。打造协同创新“孵化器”，持续优化科研创新组织体系，打造以湖北电科院为平台的全省重点实验室，争创全国重点实验室，在各地市供电公司建好攻关实验室，丰富职工创新工作室，加快建设“1+N”创新基地。培育创新人才雁阵，抓好人才培养计划实施，采用“科研项目+示范工程”的科研人才培养模式锻造能力精、善攻关、有影响的行业专家。

加快发展战略性新兴产业、布局未来产业。以科技创新发展新质生产力，推动优势资源向优势产业集聚。面向新型电力系统，重点培育数字业务集群，推动综合能源服务等新型商业模式发展。面向新型配电网，重点培育融合智能终端、分布式柔性增容储能装备等业务集群。面向客户侧的用能方式转型，重点培育智慧能源管理、电碳氢协同、虚拟电厂等业务集群。突出核心优势，围绕产业集群，在3年内布局培育7家国家级专精特新“小巨人”企业。

选自2024年8月29日《国家电网报》

作者：吴英姿

后记

湖北办电已经走过130余年历程，这段历程，伴随着中国社会的巨变。红色基因正产生于这个时期，并被湖北电力完好地传承下来。

挖掘红色历史，寻找红色基因，是一个浩大的工程。不仅需要大量的史料，还需要正确的甄别方法。本书在编纂过程中，搜集采用了一批档案史料和报刊资料，并且对史料进行了细致地核对，同时采访了一部分人物，力争全面展现湖北电力的红色基因。

130多年的历史太久，可供查阅的资料有限。为弥补不足，编纂人员从旧书网上广泛搜罗，从电力史志上一一查找。让人欣喜的是，在这样搜寻过程中，有许多新的发现。比如湖北省原政府副主席熊晋槐，曾经在汉口办过电灯公司，将其收入用来支持革命。比如革命烈士王表，曾经以大冶利华煤矿电厂为基地开展革命活动。

在整理的过程中，为表达对革命前辈的深切缅怀和崇高敬意，全面梳理了刘少奇、贺龙等革命前辈与湖北电力的革命往事。同时尽所能地搜集整理湖北电力史上早期参加革命的人物履历资料，如仇国升（1922年3月入党）、吴少云（1926年4月入党）、钟苗夫（1926年11月任汉口既济水电工会委员长）等，将材料作为注解备注到书中，供读者参阅。

本着对历史的敬畏，全书在史料性上做了最大努力。即便如此，也有一些遗憾，比如书中早期红色基因部分主要集中在鄂东的武汉、黄石和黄冈，鄂西的部分涉足较少，可查阅史料不足是重要原因。

本书在编写过程中，查阅湖北电力系统相关单位史料资料，无法一一列出单位和作者，湖北省电力博物馆提供了部分珍贵照片，一并表示感谢。

编委会

2024年12月